DRANGSAL

DOCH

DRANGSAL
DOCH

CLAASSEN

Inhaltsverzeichnis

Die Zunge

Eiche, Buche, Fichte
Und so geht die Geschichte
Die junge Zunge senkt sich ab
Fährt in den starren Leib
Sie stochert tief, sie stochert fest
Stochert eine Ewigkeit
Verkrustet und vertrocknet
Von Splittern nur genährt
Saugt sie unaufhörlich
Was ihr der Forst gebärt
Die Zunge, eifrig und erpicht
Der Speichel rodet jede Schicht
Die Zunge, penetrant und forsch
So werden Bast und Borke morsch
Hart wird zart, der Hain geht ein
Das Laubwerk macht jetzt dicht
Die Knospen haben ausgedient
Sieht Wald und sieht die Bäume nicht

Die Blase

Die Blase hat sich tief in mir manifestiert. Sie war dabei sehr diskret und hat sich über die Jahre – ganz langsam – derart aufgebläht, dass sie mir eines Nachts, als es ihr endlich zu eng und ungemütlich geworden war, völlig unbemerkt aus dem Mund gekrochen sein muss, wie wenn man beim Duschen Seife auf den Lippen hat und dann den Kiefer aufsperrt. Seither umschließt sie mich. Mal kommt sie mir sehr nah, kuschelt sich an mich wie ein Latex-Catsuit, dann wieder steckt sie sich ihren Daumen in den Mund und bläht sich weltweit auf. Die Blase ist das Innerste nach außen gestülpt, das wackelige Fundament meiner selbst, das den Blick trübt, Umstände verklärt und mich so gleichermaßen schützt wie behindert. Der Erzfeind der Blase ist die reine Sachlichkeit, die beiden kommen auf keinen gemeinsamen Nenner.

Meine Blase ist ein Fort, ein Bunker, den ich zu jeder Zeit mit mir, der viel mehr mich mit und in sich umherschleppt. Als *boy in the bubble* arrangierte ich mich, nachdem ich wiederholt das Gespräch mit ihr gesucht, aber nie gefunden hatte, mit dem Umstand ihrer Existenz und agiere seither innerhalb ihrer Parameter. Was bleibt mir denn auch anderes übrig, sie zu durchbrechen ist brandgefährlich! Bringt man sie zum Platzen, wird man ein anderer Mensch. Meine Blase ist schon das ein oder andere Mal geplatzt, und jetzt sehe ich die Dinge anders als zuvor. Wenn man sie durchdringt, beraubt man sich ihrer Verzerrungen und muss der blanken Realität ins Auge blicken – Desillusionierung. Wie wenn man kaputte Keramik kittet, ähnelt die neue Blase der vorherigen zwar, ist aber trotzdem anders: Die Träume kriegen einen Sprung, und der Sprung wird zum Riss, und der Riss wird zum Spalt, und durch diesen scheint die Nüchternheit.

Manches Mal tobe ich in meiner Blase, stampfe ringsherum wie ein stolzer Dompteur oder ein bockiges Kind, überschlage mich fast, ein Hamster im Hamsterrad, falle in ihr auf sie drauf, lege mich dann irgendwann erschöpft zurück und recke wie ein fünfzackiger Stern alle Gliedmaßen von mir. Genau so lass ich mich dann tragen, wir schlüpfen durch den Briefschlitz, raus aus meinem dunklen Nest über die Dächer.

Alles außerhalb muss erst durch das Prisma meines bisherigen Lebens gebrochen werden, bevor es mich erreichen kann, als trüge ich eine Brille, deren Gläser in eine ölige Pfütze getaucht wurden, die Lache ist, was bisher geschah. Ampeln und Bremslichter verlaufen zu gleißenden Schlieren, schlängeln sich als Lichtspiele über meinen trüben Globus, spielen Fangen und überfahren sich dabei. Ich sitze im Schneidersitz und lasse mich von dem funkelnden Spektakel bespaßen. So beb ich durch die Gasse in meiner Untertasse, die verblassten Fassaden erstrahlen in Regenbogenfarben.

Wir machen immer mal wieder Rast vor den Fenstern der jungen Wohngemeinschaften und nehmen Bestand davon auf, wie die anderen ihr Dasein führen, ich labe mich an den Echos der Lieder, die sie singen. Bin bloß auf Besuch, an einen Ehrenplatz gekettet, ich bin ein Kuss durch die Trennscheibe einer Justizvollzugsanstalt: *Watching the world pass from behind stained glass.* Ich senke mich herab und nähere mich den Menschen, deren durch meine Blase verzerrtes Spiegelbild ich aber oft nicht leiden mag, und ihr Gebrabbel kann ich auch nur schlecht verstehen, es dringt nur sehr dumpf zu mir durch. Wir verstehen uns schlecht, die Außenwelt und ich.

Es ist selten, aber schön, wenn ich auf meinen Reisen hin und wieder einer anderen Blase begegne und dann auch noch auf eine Pilotin oder einen Piloten treffe, der ganz gegenteiligen Umständen ausgesetzt war. Die diametralen Phasen der Blasen löschen sich aus, sie verschwinden (vermeintlich) komplett, und man denkt, man könne sich bar jeden Filters begegnen, sich öffnen und, ohne Repressalien befürchten zu müssen, dem allen innewohnenden Mitteilungsbedürfnis frönen. Doch die Blase lauert und lauscht, protokolliert detailliert und mutiert entsprechend, bald schon wird sie mir wieder ihr kaltes Näschen ins Genick drücken, um mir zu verstehen zu geben, dass es höchste Zeit ist weiterzuziehen.

Ich hab zu viel geplappert, mal wieder – die Blase wird

diesiger und diesiger bis zur völligen Blickdichte, Blasenentzündung. Im Nebel erkenne ich nichts, und keiner kann mich mehr sehen, die mit mir trächtige Sphäre segelt wieder davon. Bedröppelt hämmere ich auf die feuchte Innenwand ein, es wabbelt wild und spritzt, klitschnass kreische ich ihr dabei immerzu mein tristes Mantra entgegen. Wie ein Querschläger prallt jedes einzelne Wort ab, saust unentwegt umher und vervielfacht sich bis zur unerträglichen Rückkopplung.

Sag mir
Alles was du weißt
Auch wenn es mich
In Stücke reißt
Ich muss jetzt alles wissen
Will nichts mehr missen müssen

Ich
Will
Dich
Küssen

Dopsen

Musik! Musik, Musik, Musik. Sie muss immer lauter und immer schneller werden, damit mich meine Gedanken ja nie einholen. Ohne Kopfhörer das Haus zu verlassen gleicht einer Strafe. Die Wege sind weiter, jede Tätigkeit beschwerlicher. Die Lautsprecher legen sich schützend wie ein Paar starker Hände über meine Ohrmuscheln, ein unsichtbares Kraftfeld, eine Ablenkung von der Ablenkung, das gemeinhin anerkannte Zeichen für: »Sprechen Sie mich nicht an!«

Mein Puls fügt sich den *Beats per minute*, Stimmen aus dem Äther besuchen mich auf Knopfdruck, wie die Sirenen lullen sie mich auf meinen Odysseen ein und berichten mir als klangliche Artefakte aus anderen Tagen und von den fantastischsten Dingen. Die Musik vertont nicht Situationen, Geschehnisse beugen sich dem Klang, die Welt tanzt nach ihrer Pfeife, selbst das Martinshorn des an mir vorbeirauschenden Krankenwagens ist in der passenden Tonart. Die präzise Choreografie des Alltags kann nur enttarnt werden, wenn Musik läuft.

Und Musik lief immerzu. Ich brachte Kassetten mit in den

Kindergarten, CDs in die Grundschule, den MP3-Player in die Oberstufe. Ich blätterte stundenlang in Katalogen und Zeitschriften auf der Suche nach Bands, die ich noch nicht kannte, erzählte jedem, wenn ich sie dann fand. Eine Menge meiner Freundschaften fußt in der Musik, doch weiß ich mein Umfeld auch immer schon in einen Dornröschenschlaf zu versetzen, wenn ich mal wieder in endlosen Monologen über irgendwelche Bands referiere. Die Musik, die läuft, diktiere ich – sowieso.

Als Teenager bedeckten unzählige handschriftliche Songzeilen beinahe eine komplette Wand in meinem Zimmer, Mama nähte Patches von Bands auf meine Jeans. Statt mir wichtige Termine zu notieren, kritzelte ich Bandlogos in mein Hausaufgabenheft. Wenn ich zurückdenke, egal an was, dann denke ich in erster Linie an Musik. Ich denke an sie als den Arm, der mich und den ich fest im Griff halte, der mich durch das Dasein schleift. Ich war und ich bleibe nichts weiter als ein Baby, die Songs sind meine Wiege.

Als kleiner Bub konnte ich nie einfach bloß so dasitzen und den Liedern lauschen. So romantisch ich die Vorstellung von mir als dem Jungen, der wie ein Mönch in der Eremitage stoisch vor der Stereoanlage zwischen zwei Lautsprecherboxen sitzt, auch finde, so wenig zutreffend ist sie leider. Was ich früher während des Musikhörens getan habe, nannten meine Eltern »Dopsen«. Auf meinem Bett kniete ich mich danieder, die Hände und Füße ganz flach, parallel zur Matratze, meine Waden berührten die Hinterseite meiner Oberschenkel, das Hinterteil die Fersen, die Arme streckte ich ganz durch und von mir – Ausgangsposition. Sobald die Musik erklang, drückte ich die Knie tiefer in die Matratze und schnellte mit meinem Oberkörper nach vorne, bis meine Schultern etwa auf einer Höhe mit dem Handrücken und der Kopf nach vorne gereckt waren, Hündchenstellung sozusagen – Figur 2. Dann wieder zum Anfang, a, b, vor und zurück.

Ich tat es Tag um Tag stundenlang; bis das Tape zurückgespult oder die CD noch mal von vorne abgespielt werden musste, dopste ich. Ich hörte ein und dasselbe Lied Hunderte, wenn nicht sogar Tausende Male, konzentrierte mich dabei auf die einzelnen Instrumente, studierte jede Kleinigkeit. Ich schloss die Augen, und meiner Matratze wuchsen Flügel, ich bereiste andere Länder, Fantasiewelten, spielte in allen Bands und solchen, die ich mir ausdachte, schwelgte in Erinnerungen, die es gar nicht gab. Ich schlüpfte in anderer Leute Körper und Leben, wie das des schönen Schlaks aus der Hauptschule. Dann malte ich mir banale Situationen und Momente aus, durchdachte sie so oft und so lange, bis sie Wahrheit wurden.

Der ganze Akt war jedoch mit einem enormen Lärm verbunden, der Lattenrost polterte, und es dauerte nicht lang, bis meine Mutter Wind von meiner ungewöhnlichen Betätigung bekam und das Gespräch suchte. Erklären konnte ich meinen Drang nicht, er war mir peinlich, nun aber gesellte sich auch noch der reizvolle Aspekt des Verbots dazu. Ich musste also fortan subtiler vorgehen, das Dopsen durfte sich nur noch im Geheimen abspielen. Ich suchte nach dem Pfefferminz gegen meinen Raucheratem und fand es in In-Ear-Kopfhören. Waren meine Eltern zu Hause, legte ich die Matratze auf den Boden, mit Musik auf geringer Lautstärke und nur einem Ohrhörer eingesetzt dopste ich dann äußerst behutsam, in geringem Puls, schleppend und schwunglos, um Radau bloß zu vermeiden. Es war fürchterlich anstrengend und machte mir wenig Freude, aber besser, als es nicht zu tun, war es allemal. Ich dopste bis spät in die Nacht, bis ich vor lauter Erschöpfung irgendwann vornüberkippte und einschlief, den Hörer noch im Ohr. Die Musik weckte mich irgendwann wieder auf, und ich dopste weiter.

The Rotating Boy

Auf dem schmalen Fleckchen Gras im Innenhof steht seit Stunden ein dicker Junge und dreht sich im Kreis. Er streckt beide Arme von sich, 90°, stellt sein rechtes Bein ein Stück nach außen und führt das linke hinterher. Ich beobachte den kleinen Kreisel aus dem 7. Stock.

Ich weiß nicht genau wie, aber ich kann machen, dass ich ganz verschwommen sehe. Wie andere Leute mit den Ohren schlackern oder bloß mit dem einen Auge schielen können, fühlt es sich für mich ganz selbstverständlich, es fühlt sich so an, als würde ich einfach einen Muskel bewegen, wenn ich meinen Blick unscharf werden lasse. Ich habe es in der Schule und auch zu Hause oft getan, wenn es dort Schelte gab, wenn ich mich geniert habe und der Situation entziehen wollte, und ich tue es auch jetzt. Kommt der Junge an die passende Stelle, und gucke ich dann im richtigen Winkel unscharf, sieht er von hier oben fast so aus wie ein Propeller.

Der Boy ist barfuß, trägt bloß Boxershorts und ein grau meliertes Unterhemd, das er ständig zurechtzuzupfen versucht. Ich denke, es ist ihm bestimmt ein oder zwei Nummern zu klein, denn es rutscht immer wieder sofort nach oben weg und enthüllt seinen Wanst. Es macht mich rasend. Vielleicht war er auch mal schlanker, oder es gehörte einem älteren Bruder oder so was.

Die kühle Novemberluft pikst in den Nebenhöhlen, ich stütze mich auf meine Unterarme und lehne mich noch etwas weiter nach vorne über das Geländer des Balkons. Der Junge wirbelt weiter, keine Pause. Er prustet dabei rhythmisch, die warmen Nebelschwaden schleichen die Schläfen und von da aus seinen raspelkurz geschorenen Kopf entlang. Die Atemwölkchen scheinen sich immer genau dann zu verflüchtigen, wenn die nächste fast die vorherige berührt.

Unter seinen unaufhörlichen Tritten hat er das feuchte Gras schon ganz platt gewalzt, sein gleichmäßiges Atmen prallt in dem ansonsten nahezu geräuschlosen Hof an die fahlen Mauern, klettert im Zickzack nach oben und hallt wider, bis es sich im verhangenen Himmel, zwischen den Regenwolken, irgendwann verliert. Ich zünde mir noch eine Zigarette an.

Ich erinnere mich nicht, dem Knirps hier schon einmal begegnet zu sein. Auch nicht weiter verwunderlich. Wie viele Leute wohl hier wohnen? Tür an Tür an Tür an Tür. Ohne Ende Türen, auf unendlich tiefen Gängen, winden sich wie Darm durch aufrechte Betonsärge. Überdimensionale Dominosteine am Stadtrand, als würden sie jeden Moment umfallen. Ein besseres Versteck hätte ich mir nicht suchen können.

Gelegentlich passieren ein paar der anderen Anwohner den Knaben, man verzichtet darauf, Notiz voneinander zu nehmen, hat mit sich selbst ja genug zu tun. Ich schaue mich um, lasse die Augen ringsum, über und unter mich, vorbei an den anderen Wohnungen wandern. Es sieht so aus, als läge über allem hier eine dicke Kalkschicht.

Ich werfe einen Blick durch mein Zielfernrohr. Im Fadenkreuz kann ich sein zartes Gesicht genauer betrachten: Einen schönen Schmollmund hat er, purpurfarben, wie bei sehr, sehr alten Menschen manchmal. Ein Blickfang auf dem kleinen Gesicht. Über den stark durchbluteten Pausbäckchen schieben sich feuchte Kulleraugen wie die Früchte der Kastanie aus verquollenen Lidern. Sein Doppelkinn und die kurze Stupsnase geben ihm etwas Schweineartiges. Durch das lange Ausharren in der Kälte wirkt seine blütenweiße Haut beinahe transparent, wie Reispapier sieht sie aus, das Leben fand noch keine Gelegenheit, Macken auf ihr zu hinterlassen. Das Licht scheint durch ihn durch und tritt auf der anderen Seite wieder heraus. Je länger ich ihn anstarre, desto mehr schaut er aus wie ein fleischgewordenes Porträt adeliger Sprösslinge aus dem 16. Jahrhundert. Aber mit denen hat er nichts weiter gemein, der Bub ist arm, sonst würde er nicht hier leben.

Man scheißt nicht, wo man isst. Das war immer meine wichtigste Regel. Ein Grund zum Weiterziehen ist ja aber auch nie schlecht. Immer wenn man sicher weiß, dass einer sterben wird, wenn man hört, dass wer gestorben ist, dann freut man sich ganz insgeheim auch ein bisschen, im Stillen, vielleicht nur unterbewusst – man freut sich, dass man es nicht selber ist. Ein widerwärtiges Vergnügen. Immerzu zappelt mein eines Knie, in Eigenregie, wie mir scheint, mein ganzer Körper vibriert, nur der Zeigefinger ruht auf dem stählernen Abzug. Ich denke daran, wie ich als Kind stundenlang Steine aus dem Fischweiher geholt habe, um damit abends die gläsernen Köpfe der Gaslaternen zu zerschmeißen, eine nach der anderen, bis ganze Alleen verdunkelten. Hinter dem Pferdestall des Nachbarskindes haben wir im Schatten der Hengste junge Meerschweinchen in alte Apfelkisten gesetzt und sie dann einen Hang heruntergeworfen.

Ich spucke die Kippe aus, dann drücke ich ab. Mit einem hohlen Ploppen schiebt sich die Kugel durch den Lauf aus der Mündung heraus und kurz darauf in den Kinderkopf. Das Echo des gedämpften Schusses verflüchtigt sich. Der Junge dreht sich noch einen Moment lang weiter, sein Gesicht, da, wo es war, da sieht es jetzt aus, als wäre ganz viel Brombeermarmelade verschmiert. Fast eine volle Umdrehung packt er noch, dann klappt er röchelnd zusammen. Während sich die ersten Fenster öffnen, nehme ich mein Gewehr auseinander und packe zusammen.

Ich zoch mir einen Dämon

Meine Dämonen hab ich angeschaut
Die Nägel einem abgekaut
Das, was davon ward verdaut,
In meinem Garten angebaut
Danach zog ich von Süd nach Nord
Und fing mir all die Tränen dort
Weiter ging das, Nord nach West
Trug von den Dächern den Asbest
Aus West wird Ost, war fast schon da
Malaga bis Ankara
Fehlte bloß ein Spinnentier
Das holte ich zu Hause mir
Den Zögling muss man schließlich gießen
Soll er ja in die Höhe sprießen
Denn Spinne, Asbest und Tränensaft
Die geben dem Kleinen seine Kraft
Leid wurd' mir niemals das Warten
Tagein, tagaus saß ich im Garten
Rabenscharen stets vertrieben
Zum Zeitvertreib dies Gedicht geschrieben
Dann halb versunken in einem Traum
Traute ich meinen Augen kaum
Die Erde bricht, Dämon in Sicht!
Mein Sohn erblickte der Welt Licht

Dachte mir an dem nächsten Tag
Als ich noch im Bette lag
Gib acht bloß auf den kleinen Spross
Der nächtens aus dem Boden schoss
Da war er nun, der kleine Wicht
Kann kaum sprechen und kann laufen nicht
Kaute ihm sofort die Nägel ab
Damit ich was zum Pflanzen hab

Lachen

Als ich das Licht der Welt erblickte, da habe ich nicht geweint, sondern meiner Mutter auf den Bauch gepinkelt, sagt sie – bezeichnend, finde ich. Inzwischen weine ich sehr gerne. Weinen ist wie ein Orgasmus in Moll: kathartisch, reinigend, eine Art emotionaler Reset-Knopf, vielleicht der Harndrang der Seele? Am einfachsten fällt mir das mit dem Weinen, wenn zum Beispiel ein in die Jahre gekommener Profi-Wrestler in die Ruhmeshalle eingeführt wird und in einer völlig überzogenen Dankesrede vor versammelter Mannschaft über seine illustre Karriere schwadroniert. Spätestens die Standing Ovations der Kollegen, die auf den fachmännischen Zusammenschnitt seiner größten Momente folgen, sind der Schlüssel zu meinen Tränendrüsen.

Hin und wieder stelle ich mir auch einfach etwas total Schlimmes wie den Tod meiner Mutter oder die Reaktionen meines unmittelbaren Umfelds auf mein frühzeitiges Ableben vor. In solchen morbiden Gedankenspielen, die ich in meinem Kopf dann immer wieder akribisch und bis ins allerletzte Detail durchexerzieren muss, kann ich mich vollends verlieren und heule dann irgendwann wie ein Schlosshund. Auch das ein oder andere Lied vermag es natürlich, mich in (oder aus der) Stimmung zu bringen: Zum Klang pathetischer Popsongs entwerfe ich auf nächtlichen Spaziergängen abstruse Szenarien. Ich laufe irgendwohin, meine Tränenspur weist mir den Weg nach Hause. Wenn Trauriges wirklich passiert, fällt mir das Weinen schwer.

Als die Katze, mit der ich von klein auf aufgewachsen war, starb und meine Mutter mir unter Tränen am Telefon deren Ableben mitteilte, war ich mehr damit beschäftigt, ihr hysterisches Schluchzen zu beanstanden, als um unsere treue Mieze zu trauern. Ich erinnere mich noch genau, wo ich war, als der verheißungsvolle Anruf kam: Ich war in Leipzig gemeldet, studierte (auf dem Papier) klassisches Altertum (ich weiß bis heute nicht, was das ist) in Halle und übersetzte damals als studentische Hilfskraft in Berlin für 10 € die Stunde den ganzen Tag lang für ein Start-up Zweizeiler vom Englischen ins Deutsche. Die Chefin und der Chef waren ein Paar und gerade Eltern geworden. Eigentlich würde man meinen, dass alle Babys ähnlich schön sind, dass ein jeder Säugling zum Anne-Geddes-Model taugt, wenn man ihn nur in einen Blumenkübel setzt, aber dieses Baby hat von beiden bloß das Schlechteste abgekommen. Eines Tages wurde ich vom Boss höchstselbst via E-Mail zum Zwiegespräch einbestellt. Ich fürchtete sofort, man habe herausgefunden, dass ich manchmal auf der Toilette schlafe. Ich bin zu dem Gespräch nie aufgekreuzt.

Ich entsinne mich auch der Beerdigung meines Großvaters, der viel zu früh einer Sepsis erlegen war. Er war ein großer dicker Mann mit großem dicken Schnäuzer, der es liebte, auch kurze Strecken mit seinem Motorroller zu fahren, zu angeln, zu trinken und betrunken zu angeln. War er nicht in der örtlichen Fischerhütte, fand man ihn am heimischen Küchentisch, immer vor ihm drapiert seine ganz persönliche Dreifaltigkeit: die aktuelle Ausgabe der BILD-Zeitung, eine Flasche Bier (Rothaus Tannenzäpfle), die er stets mit einem Flaschenöffner abdeckte, damit das Getränk nicht so schnell schal würde, und eine Packung Zigaretten, Marke HB. So genügsam müsste man sein …

Stundenlang studierte er die Zeitung, bis seine Augen zu schwer, die Nackenmuskulatur zu schlaff wurde und der Dickschädel vor Erschöpfung mit einem Ruck nach vorne oder hinten sackte, was ihn dann wieder aufweckte. Dieses sich schier endlos wiederholende Treiben beobachtete ich als Bub im Türrahmen stehend. Als Connaisseur des Flachwitzes bemerkte er eines Tages, als die No Angels den Titel der BILD zierten: »No Angels? Ah, des sieht ma, dass die kä Angler sinn.«

Unzählige Nächte lag ich im von Straßenlaternen gefluteten Schlafzimmer meiner Großeltern Hand in Hand mit und neben ihm. Sein Bauch war kugelrund und fest, Hitchcock-Silhouette, so fest, dass er nur mehr noch auf dem Rücken oder seiner Seite liegen konnte, und er schnarchte deshalb auch immer in einer unsäglichen Lautstärke. Auf dem Spiegeltisch vor dem Bett steht noch heute die Marienfigur mit mattem Teint und blutroten Lippen, die ich immer anstarrte, wenn ich wegen der Geräuschkulisse kein Auge zubekam. Die rote Farbe der handbemalten Statue ist an beiden Mundwinkeln verschmiert. Mir erschien die Maria, wie ich zum Leidwesen meiner lieben Großmutter nie müde wurde zu erwähnen, immer wie ein Vampir.

Sofern mein jugendlicher Onkel anderweitig untergebracht war, durfte ich hin und wieder auch in seinem Zimmer nächtigen. Ich bewunderte ihn und seinen besten Freund, denn sie waren älter und tranken und hatten Piercings. Er besaß eine Playstation und CDs en masse, in deren Begleitheften ich bäuchlings auf seiner auf dem Boden liegenden Matratze schmökerte. An die Zimmerwände hatte er Anzeigen damals beliebter Skateboard-Marken, das Bild einer atomaren Pilzwolke und die Mitte des Booklets des Albums »Music for the Jilted Generation« von The Prodigy gepinnt, auf dem rechtsseitig ein langhaariger Raver inmitten blühender Wiesen abgebildet ist, der, seinen Mittelfinger emporreckend und mit einer glänzenden Machete bewaffnet, die Seile einer Hängebrücke zu durchtrennen gedenkt, um so der sich auf der anderen Seite der Schlucht befindenden düsteren Schwadron den Zugang zum Partyvolk hinter ihm zu verwehren – mentale Brandzeichen, völlig unmöglich, sie je wieder auszuradieren. Zu meinem frivolen Vergnügen stahl ich ihm einmal ein winziges Bild des populären Videospiel-Charakters Lara Croft, die darauf oben ohne abgebildet war. Mein Onkel hatte versucht, es irgendwo in seinem Zimmer zu verstecken. Ich klemmte das Diebesgut unter den Gummibund meiner Unterhosen und trug es tagelang mit mir herum, zauberte es beim Einkaufen mit meiner Mama in günstigen Momenten hervor und zeigte es bestimmt auch mal auf dem Schulhof herum.

Mir allerhand fremde Besitztümer anzueignen war sowieso eine schlechte Angewohnheit, der ich als juveniler Voyeur gerne nachging: Ich habe Briefe gelesen, die mir nicht galten, Pakete abgefangen und geöffnet, bin unter zig Bettgestelle gekraxelt, habe Schubladen ausgeleert, Proben analysiert, Datensätze gesichtet, Fotomediatheken, Chat- und Browser-Verläufe gewälzt, wenn Leute kurz den Raum verlassen oder Lover friedlich neben mir genächtigt haben. Mea culpa.

Die Beisetzung meines Opas (geerbt habe ich nur seine Neurodermitis) empfand ich, rückblickend betrachtet, eigentlich nur als Formsache. Ich kreuzte auf, weil sich das eben so gehört, stand da auf dem Friedhof neben meinem besten Freund, den Blick nach unten gerichtet und die Hände in den Hosentaschen vergraben. Vor uns sein Vater und daneben mein Vater, vor den beiden wiederum sein Opa, der lautstark den freien Platz zu seiner Rechten beweinte. Ein Anblick, der mich zum ersten Mal der eigenen Sterblichkeit bewusst werden ließ.

Meine Mutter hatte freilich hart am Hinscheiden ihres Vaters zu knabbern, trank und weinte mehr als üblich, bewältigte ihre Trauer aber irgendwann. Meine Oma hingegen verwelkte gar augenblicklich: Nachdem ihr Partner das Zeitliche gesegnet hatte, verweigerte sie sich zusehends der aktiven Teilnahme am Leben, saß nur noch, las nicht mehr, aß nicht mehr, keine Gartenarbeit, keine Fahrradfahrten zum Einkaufen, kein geselliger Austausch. Sie fiel in sich zusammen, wurde knöchern und bucklig, das einst rabenschwarze Haar der Dorfschönheit bald genauso fahl wie die Asche der zahllosen Zigaretten, die sie jeden Tag raucht. Alles zieht sie runter, so Gott will, bis ganz unter die Erde, besser früher als spät, denkt sie, sagt sie auch, endlich dahin, wo auch ihr einziger Lebensinhalt langsam dem Grund gleich wird.

Man lässt jetzt um sich kümmern, erst, weil man gerade nicht mehr so richtig kann, dann, weil es zur Gewohnheit wird. Alle Versuche, sie vor die Tür zu locken und irgendwie am Ball zu halten, scheitern kläglich. Der Rollator ist ihr peinlich und wird genau da bleiben, wo meine Schwester ihn abgestellt hat. Zumindest so lange, bis meine Oma sich, ob Muskelabbaus wegen ihres symbiotischen Verhältnisses mit dem Sofa, auf dem sie, da sie sich weigert, in ihrem Ehebett zu schlafen, den Großteil ihrer Zeit absitzt, selbst in der Wohnung nicht mehr ohne dessen Hilfe fortbewegen können wird.

Als ich sie besuche, was jedes Jahr mehr und mehr zur

Pflicht verkommt, hat sie Schwierigkeiten, sich an meinen Namen zu erinnern. Kartoffelpfannkuchen mit Apfelmus gibt es hier schon länger nicht mehr. Der starre Blick glasig, Wände vergilbt, die Antworten bleiben generisch, und die fröhlichen Gesichter auf den Bildern werden allmählich unkenntlich unter der fetten Staubschicht. Die Gläser in der Küche sind nur notdürftig gespült, ich trinke deshalb lieber nichts, bemerke, dass sich in der Lücke zwischen dem kleinen hölzernen Wandschrank und der Couch eine Menge leerer Weinflaschen sammelt. Das bohrt sich mir als dumpfes Rauschen mit einem Schlag durchs ZNS. Ich habe meine Großmutter immer sehr geliebt und schäme mich jetzt, weil ich ihre Art, mit dem Tod ihres Mannes umzugehen, verabscheue und weil ich anfange, mich vor ihrem Geruch zu ekeln.

Als ich noch zur Grundschule ging, war ich nach dem Unterricht oft zum Mittagessen mit meiner Großmutter verabredet, die in der Nähe meiner Schule wohnte. Jauchzend erzählte ich ihr jedes Mal von meinem Freund, dem Pilz. Ein paar Sprayer hatten nämlich an eine Wand neben der Sporthalle einen Fliegenpilz gesprüht. Ich habe mich immer gefreut, wenn ich ihm dort begegnet bin. Er war überlebensgroß, wohnte auf beigem Grund und trug einen garstigen Gesichtsausdruck: Zwei fette schwarze Brauen wie das Vogel-V über den stilisierten Dreiecksaugen und darunter ein feistes Grinsen.

Wochenlang redete ich von nichts anderem und immer

wieder auf meine Großmutter ein, und das nicht ohne Hintergedanken: Sie konnte sehr gut nähen, und ich wollte, dass sie mir den Pilz zum Kuscheltier macht, sodass ich ihn zu jeder Zeit bei mir haben kann. Ich beschrieb ihr den Fungus en détail, fertigte für sie Skizzen und zerrte sie sogar am Ärmel bis vor die Wandmalerei, wo ich ausführlich die vielen Nuancen, wie beispielsweise das kleine Büschel Gras, von dem sein Stiel umgeben war, erörterte – es war für mich von oberster Priorität, dass meine Oma ein möglichst getreues Abbild schafft. Ungeduldig erkundigte ich mich jeden Tag, wie es denn um meinen kleinen Freund bestellt sei.

Als es dann endlich so weit war, jagte ich die Treppen nach oben in den zweiten Stock, die Wohnungstür war nie abgeschlossen. Beim Eintritt streckte mir Oma schon stolz die Frucht (Pilze sind weder Obst noch Gemüse) ihrer Arbeit entgegen. Er war in etwa fünfzehn oder zwanzig Zentimeter groß, meisterhaft gefertigt, hatte einen lilienweißen Stiel, umschlossen von dunkelgrünem, aus Filz ausgeschnittenem Gras, der in einem scharlachroten Schirm samt runder weißer Pusteln mündete. An alles hatte sie gedacht, nur eines fehlte zur Perfektion: das Gesicht.

Ich war entgeistert, am Ende, für mich brach da eine Welt zusammen, aber ich ließ mir nichts anmerken und sagte auch nichts, bat nicht um eine Revision. Egal, wie viel Blut und Schweiß und Liebe meine Großmutter auch in den Pilz gesteckt, egal, wie gut man es mit mir gemeint hatte, ich konnte nicht anders, als diesen billigen Abklatsch zu verachten, und so wanderte er schnell vom Bett in die hinterletzte Ecke meines Schranks und irgendwann in den Müll. Meine Oma ist verstorben, ich hätte den Pilz gerne wieder.

Als kleines Kind fuhr ich einmal auf einem Feldweg am äußeren Rand meines Heimatortes, entlang der Weinreben und Apfelplantagen, trotz ausdrücklicher Warnung meiner Eltern viel zu schnell mit dem Fahrrad. Ich stürzte und schlug mir mein Kinn auf. Ich trage die drei Narben noch immer, es sprießt kein Barthaar an diesen Stellen. Mein Vater eilte mir zur Hilfe, ich presste mein blutverschmiertes Gesicht in seinen Ärmel, wimmerte, begann aber bald, meine Mundwinkel aggressiv nach oben zu ziehen.

Zeigefinger & Daumen

Auf das seidene Laken freuen sie sich immer ganz besonders, denn das schluckt die Ausdünstungen der beiden und spuckt sie dann als riechbares Spiegelbild einer neuen, dritten Person zurück – die wollen sie werden! Sich so feste umarmen, bis die Hülle nachgibt, ineinanderbrechen, wie zwei benachbarte Schornsteine, die gesprengt werden, in den jeweils anderen implodieren.

Jede Nacht probieren sie's aufs Neue. Ohne Zweifel, dass es heute klappt, pressen sie die hageren Leiber aneinander, schlafen irgendwann erschöpft ein und wachen ganz verschwitzt und zerschrammt, vor allem enttäuscht auf, wenn sie dann bemerken, dass es schon wieder nicht funktioniert hat.

Sich absichtlich das Augenlicht vernichten merzt allmählich die quälende Erinnerung ans Äußere aus. Einerseits. Stirbt ein Sinn, potenziert sich die Kraft eines anderen. Andererseits. Vier fünfbeinige Insekten krabbeln auf den greisen Körpern rum, jedes einzelne der Abertausenden weißen Härchen tauscht in Lichtgeschwindigkeit Infos mit den Fingern.

Berührung schließt den Stromkreis. Die beiden ahnen, dass es so viel mehr noch zu vernehmen gäbe, als sich kraft geordneter Grenzen je exakt pinnen, anhand selbst präzisestmöglicher Mitteilung auch nur umreißen ließe.

Überirdische Teilchen flirren zwischen den Zellen.

Unbestreitbar, wir Sterblichen sind zu grob, greifbarer zu zeichnen. Kosmische Staubteufel, einer scheuchte mal durch ihren Keim, entzweite ihn und spielte ihnen diesen fiesen Streich. Doch es bleibt bei der Ahnung. Mehr gibt's nicht in diesem Leben.

Sie liegen sich gegenüber, das Bett ist uferlos. Zeigefinger und Daumen zwischen Zeigefinger und Daumen. Sie pressen fest, draußen plärren sich die Vogelscharen an, und es regnet Kirschbaumblüten. In diesem Haus sind sie aufgewachsen, in diesem Bett möchten sie sterben, am besten gestern, Hauptsache zusammen.

Ich komme dann

Ich komme dann

ein kleines Stückchen näher ran
damit ich dich auch riechen kann

Auf deinen Pfaden noch mal traben
den Zinken dann im Schopf vergraben

Hasenzahn!

Will dich essen, will dich trinken,
ganz und gar in dir versinken

Verstehst du schon, worum's mir geht,
wieso, weshalb meine Welt sich dreht

Ach!

Wie ich mir wünsch, ich wär ein Mann,
mit Füßen und mit Haaren dran

Würd all die Wege auch mal gehen
um deine letzten Strähnen flehen

Knight Rider oder Himbeer-Toni?

»Ich bin ein Streetfighter!« – so begrüßte man mich an diesem Morgen höhnisch in der Schule, so titelte das Amtsblatt. Im Litfaß, einer alteingesessenen Kaschemme in der oberen Hauptstraße, die sich selbst als Bistro verstand und diesen Namen trug, weil in ihrer Mitte tatsächlich eine wuchtige Litfaßsäule ragte, hatte mein Vater sich in der Nacht zuvor mit Mitgliedern eines Motorradclubs zerstritten und geprügelt. Er verlor. Gewundert hat es mich nicht, als meine Schwester mir am Telefon mitteilte, dass er deshalb im Krankenhaus liegt. Ich habe, ehrlich gesagt, Schlimmeres erwartet.

In dem Dorf, wo ich die ersten achtzehn Jahre meines Lebens verbrachte, da kennen meinen Vater alle. Ein groß gewachsener Rotzlöffel, der Lulatsch mit den eisblauen Augen (traurig, aber treu), ein Kind im Körper eines Mannes mittlerweile mittleren Alters, der schon in jungen Jahren Unruhe stiftete. Beispiel: Der spätere Besitzer eines Mischwaren-Ladens unweit meiner Schule, den wir »Jo, merci« tauften (denn das waren die einzigen Worte, die er in seinem stets angetrunkenen Zustand noch durch den Bart murmelte, wenn man sich einen Schreibblock oder Zigaretten bei ihm kaufte), fuhr eines Mittags auf seinem Mofa durch das Dorf. Dort erspähte er an der Ampel an der unteren Hauptstraße meinen Vater und dessen Bruder mit Eistüten in der Hand und beleidigte sie im Vorbeifahren. Mein Vater boxte ihn prompt vom Mofa und warf ihm noch sein Eis hinterher. Später einmal erwischte mein Vater, während er angeln war, denselben Typen in flagranti beim Klauen. Der zog eine Waffe, die mein Vater als Experte jedoch prompt als Schreckschusspistole enttarnte. Mein Vater machte »Jo, merci« untauglich, indem er ihn mit Angelschnur fesselte, und chauffierte ihn dann in seinem Kofferraum zur Polizei. Unzählige dieser absurden Erzählungen ranken sich um meinen Vater – sie sind alle wahr.

Meine Eltern waren jung, als ich sie mit meiner Geburt segnete, und nicht bereit, sich von meiner Existenz in ihrer postnatalen Unternehmungslust einschränken zu lassen. Sie pflegten die beunruhigende Angewohnheit, mich in die suspekten Etablissements der südlichen Weinstraße einfach mitzunehmen. Im Chevy's in der Lindenstraße in Hatzenbühl habe ich gefühlt meine halbe Kindheit verbracht. Man betrat das Chevy's durch eine hölzerne Tür mit nach außen gewölbten Glasfenstern, vorbei am Zigarettenautomaten, zu dem man mich zum Zwecke der Beschäftigung und um nicht selbst aufstehen zu müssen, gerne und oft schickte, ging es durch eine weitere, baugleiche Tür in den Hauptraum, man steuerte unweigerlich direkt auf die Bar zu, die zwischen Tresen und Wand gerade genug Platz für einige Hocker ließ.

Das Chevy's war schummrig, und es liefen die Rockmusik-Evergreens damals bereits vergangener Tage. Der Boden war wie eine alte Straße mit Stein gepflastert, die Wände aus Backsteinen. Direkt rechts neben der Theke führte eine verwinkelte Holztreppe in eine Art Verschlag, an dessen Wand bis unter die Decke das übergroße malerische Abbild eines alten roten Chevrolets prangte, dessen Verwendungszweck mir nie ganz klar werden würde. Ich glaube, ich bin dort oben hin und wieder mit einem Dreirad gefahren. Ich mochte den Besitzer und dessen Bruder, denn der hatte eine Punkband und schenkte mir ihre CDs.

Im gegenüberliegenden Adlernest, einer unspektakulären 08/15-Kneipe, die keine besondere Eigenschaft, wirklich nicht ein Alleinstellungsmerkmal besaß, kegelte man und spielte Lotto. Ich trank Kirsch-Bananen-Saft, bis mir schlecht wurde, und daddelte an den Automaten. Beim winterlichen Schlachtfest in einer der beiden Kneipen nahe gelegenen Scheune roch es nach Propangas und Weinschorle. Ich fieberte gedankenverloren der Heimreise entgegen, fror und langweilte mich.

Früher war mein Vater auch selbst einmal Pächter in Herxheim. Die »Kornkammer« (die er ursprünglich einmal »Beach Jerusalem« zu taufen gedachte) hat er, wenn man meiner Mutter Glauben schenkt, in den Ruin getrieben, weil jeder Gast bei ihm einen Deckel bekam – bezahlt haben sie den allerdings bloß selten. Als einen allzu gewieften Geschäftsmann habe ich meinen Vater sowieso nie verstanden, obgleich er mir noch heute immer wieder, mit aufgerissenen Augen, bellend und mich dabei ein bisschen zu fest am Handgelenk packend, sein wichtigstes Credo einbläut: »Loss dich nid figge!« Lass dich nicht ficken. Ich nehme es mir zu Herzen, so gut ich kann.

Mein Vater, der mich nach seinem Lieblingsfilm *Mad Max* benannt hat, sammelt, und zwar alles. Eine meiner größten Ängste ist, dass sein unausweichlicher Tod eines Tages die Bürde all diesen Ramsches auf mich überträgt. In seinem Garten Eden türmen sich selbst gezimmerte Statuen, dadaistisch anmutende Collagen aus rostigen Sägeblättern, alten Apothekergewichten und anderen medizinischen Gerätschaften. Da sind Setzkästen gefüllt mit tierischen Überresten und Muscheln und Schneckenhäusern, bemalte Grabsteine, ein Marterpfahl, daran mumifizierte Fische genagelt und das Geweih irgendeines (ehemals) gehörnten Tieres. Historisches Ackergerät und allerlei baumelt von Fleischerhaken an der Decke der Remise, rundherum Kruzifixe, Spiegel, kistenweise Fotos fremder Leute, Gefäße aller Couleur und davor und dahinter unzählige Kakteen. Der beste Szenenbildner aus Hollywood hätte es für das x-te Remake von *The Texas Chain Saw Massacre* nicht besser hinbekommen.

Der Außenbereich gehört ganz und gar meinem Vater, drinnen predigt Mama, so gut sie kann, schöner wohnen. An den Kellerwänden dann wieder jede Menge kruder Zeichnungen, Papierfetzen mit Worten wie »Motherfucker«, »B. O. F. H.« (steht für Bastard Operator From Hell, quasi erfundener Dienstgrad meines Vaters) oder Motivationssprüchen mit Filzstift zweifach umrahmt, Schnipsel aus Schmuddelheften und Tätowier-Magazinen. Vor dem Internet waren die Kellerräume meines Vaters für mich als neugierigen Präpubertären so etwas wie verbotene Früchte. Jede Kiste und jede Schublade das Tor zu einer neuen, anrüchigen Welt. Noch heute ist einer meine liebsten Gedanken, dass ich eines Tages aufwache und der einzige Mensch auf der Welt bin. Dann kann ich endlich in Ruhe in all eure Schubladen schauen. Das gibt mir ein wohliges Gefühl.

Vor allem aber hortet mein Vater Autos. Irgendwo gibt es da, glaube ich, auch noch einen Stellplatz, der extra für diese ganzen Pkw-Leichen von ihm angemietet wird. Ich selbst war nie da, denn ich interessiere mich nicht für Autos. Solange ich denken kann, besaß meine Familie nie ein voll funktionstüchtiges Fahrzeug. Ein Neuwagen käme meinem Vater nimmer ins Haus, denn für einen Neuwagen, so sagt er, bekäme man ja gar keine Ersatzteile. So ficken sie dich. Und ficken lassen wir uns nicht. Davon abgesehen war für einen Neuwagen auch gar kein Geld da. Die finanziellen Schieflagen waren mir als stets etwas zu aufgewecktes Kind bereits schmerzhaft bewusst, doch erst jetzt, wo auch ich mit dem Ernst des Lebens per Du bin, kann ich sie beruhigt als Begleiterscheinung des Erwachsenseins abtun.

Meine Eltern gaben sich trotzdem alle Mühe, mich in meiner kindlichen Habgier zufriedenzustellen: Ich bekam etliche CDs, man fuhr und ließ mich in jungen Jahren schon in ferne Städte, um Konzerte und Festivals zu besuchen, die für mein damaliges Alter ohne Frage extrem unangebracht gewesen sind. Für den uralten scharlachroten VW Passat aus den Achtzigerjahren habe ich mich trotzdem immer ungeheuer geschämt, wenn wir damit vor der Schule vor- oder meine Eltern mich zu Freunden fuhren. Ich hasste alles an ihm. Die Haptik des rauen, grau karierten Stoffs der Sitze, wie sich die Krümel, Flusen und Fussel in der Ritze zwischen Lehne und Sitzfläche sammelten, die widerspenstigen, mechanischen Fensterheber, der aus der Zeit gefallene Tacho mit dem weißen schwertförmigen Zeiger hinter der Plastikscheibe, aus dem der Knopf zum Zurücksetzen des Kilometerzählers wie ein ausgestreckter Zeigefinger ragte, der einen piesacken wollte. Auch stank der Wagen, innen wie außen, tropfte, war undicht und viel zu laut und ächzte und quietschte und mühte sich immerzu an seiner qualvollen Existenz ab. Reparierte man eines seiner Leiden, kam quasi zeitgleich ein neues hinzu. Es röhrte und stotterte aus dem Auspuff, der jeden Moment abzufallen drohte. Die gelbe Ente, die nicht starten wollte, der lila VW-Bus, der am Ende nicht restauriert, sondern doch nur ausgeschlachtet wurde, der Mini Cooper, der nur manchmal startete … Bis in alle Ewigkeit ein *Work in Progress*.

Für eine kurze Zeit hatten wir einen gebrauchten, silberfarbenen Mercedes, der mir trotz starkem Abgasgeruch und den üblichen merkwürdigen Geräuschen sehr gefiel. So unverhofft, wie er aufgetaucht war, verschwand der Wagen eines Tages einfach wieder. Mittlerweile hat mein Vater auch sein ganz eigenes Auto, das aber vielmehr als fahrende Leinwand fungiert: Auf der Hutablage wohnt unter anderem der Zonk, bekannt als Trostpreis aus der Gameshow *Geh aufs Ganze!* mit Jörg Draeger, unzählige Kronkorken und wahnwitzige Sticker kleben auf der Heckklappe (die meisten davon rund um das Thema Furzen), mit Edding hat er den Namen der Musikgruppe The B-52's auf eine der Hintertüren gekritzelt. Meine Mutter findet, es gebührt einem »Kerwebu« (das ist Pfälzisch für einen Jungen, der sich auf der Kirmes herumtreibt oder dort arbeitet) wie ihm. Mein Vater besitzt jeden erdenklichen Führerschein, sogar Panzer darf er fahren. Seit ich in der dritten Klasse durch die Fahrrad-Führerscheinprüfung fiel, hüte ich für meinen Teil mich konsequent davor, Fahrzeuge zu führen.

Mein Vater war sich während der Schwangerschaft sicher, aus mir wird einer wie er. Sein Ebenbild, ein *Mini-Me*, wenn man so will. Einer, der gerne schraubt, sich leidenschaftlich die

Hände schmutzig macht und der mit ihm zusammen eines Tages all diese Karren repariert. Was er dann jedoch bekam, war einer, der sich schon als Heranwachsender weigerte, seine Fahrradkette anzufassen, könnte dabei doch der Nagellack abblättern oder die neue Hose aus Tartan-Stoff dreckig werden. Meine Großmutter sagte mir oft, ich hätte keine Arbeiterhände, was sich in meinem Kopf regelrecht wie die Prophezeiung einer Wahrsagerin manifestierte und mir auch heute noch eine gute Ausrede für jeden Anflug von Faulheit ist. Und das, obwohl man die Hände meines Vaters und meine früher schon kaum auseinanderhalten konnte.

Von der oft so schmerzlichen Diskrepanz zwischen väterlicher Erwartungshaltung und dem offensiven Abnabeln eines Sprösslings kann mein Vater selbst ein Lied singen. *History repeats itself.* Mein Vater wollte Künstler werden, sein Vater (erst Kneipenbesitzer, später Steinmetz) wollte, dass er Fleischer wird – also wurde mein Vater Fleischer. Als ihm das Metzgerdasein zu brutal wurde und die Kornkammer nichts abwerfen wollte, wurde Papa das, was er auch heute noch ist: Trucker. Das reimt sich auch ganz gut auf Motherfucker. So wie ich das verstanden habe, schöpfte mein Vater seine Tätigkeit als Fernfahrer voll aus, indem er nebenbei hin und wieder Schusswaffen schmuggelte, zum Beispiel. Er fuhr lange Touren, nach Spanien und zurück, und so bot sich ihm dieser Nebenerwerb an.

Als wir einmal gemeinsam zum Grab seines Ziehvaters

fuhren, erzählte er mir die irrwitzige und Angst einflößende Geschichte, wie dieser mit seinen Kumpels geplant hatte, einen örtlichen Baumarkt mit Schusswaffen und Handgranaten zu überfallen – mein Vater sollte die Waffen besorgen. Ich bin mir sicher, dass ich bisher bloß ganz oberflächlich an seiner zwielichtigen Vergangenheit gekratzt habe. Als ich ihn vor ein paar Jahren aber einmal fragte, wie lange er denn bräuchte, um eine Waffe zu besorgen, antwortete er, wie aus der Pistole geschossen: »Ä Spritz? Kä fünf Minudde.« Spritze als Straßen-, als Fachjargon für Pistole – das imponierte mir irgendwie noch mehr als der Fakt, dass er in fünf Minuten eine Waffe auftreiben könnte. Ich glaube ihm alles und fühle mich sicher.

Mein Vater war mir nie ein schlechter. Von seinem Vater wurde er ständig und aufs Übelste verprügelt. Mit Teppichklopfern und Fäusten und allem, was sein Vater in die Finger kriegen konnte. Vielleicht wäre ich nicht ganz so verweichlicht, wenn es öfter einmal gekracht hätte, andererseits rechne ich es meinem sonst leichtsinnigen Vater hoch an, dass er trotz dieser Vorbelastung nie die Hand gegen mich erhob. Er hat mich nur einmal geohrfeigt, als ich ihn Arschloch nannte.

Sein Bruder verließ pünktlich zum 18. Geburtstag das Elternhaus gen Berlin und drehte sich nie wieder zurück, mein Vater aber blieb. Warum, hab ich nie ganz kapiert. Den Bruder lernte ich als Letztes kennen, er ist die Cola Light zur Afri-Cola mit extra viel Koffein, die mein Vater ist: Fragil, leise, klein, er interessiert sich für Ballett und das Schneidern. Mein Vater beschützte seinen Bruder vor Fremden und piesackte ihn lieber selbst. Auch stiftete er ihn als jungen Bub zu allerlei Schandtaten an, so leerten sie beispielsweise regelmäßig gemeinsam die Automaten in der Kneipe ihres Vaters. Wurden die Automaten dann geöffnet, wunderte der Herr Papa sich ganz zum Wohlgefallen seiner Sohnemänner stets über die maue Ausbeute. Mein Opa schikanierte und misshandelte seinen ältesten Sohn derart, dass mein Vater laut eigener Aussage als junger Mann nichts im Kopf hatte als »Leute erschießen und Rache an der Welt nehmen«. Der Bruder sagte zu mir, dass mein Vater ihren Vater nicht tötete und dass der Vater seinen Sohn nicht tötete, grenze an ein Wunder.

Ich würde lügen, würde ich verschweigen, dass ich nie gern Besuch empfing, aus Angst, mein Vater könnte sich betrinken, denn das tat er zeitweise oft. Die hirnverbrannten Unternehmungen meines besoffenen Vaters taugen mir immerzu als triftiger Grund für zeitweise Abstinenz. Früher, wenn eines meiner Elternteile ein Bier unbeaufsichtigt ließ, kippte ich vorsorglich einen Teil davon weg und füllte es manchmal sogar mit Wasser wieder auf, oder ich versteckte die Pulle lieber gleich ganz.

Einmal, da lud mein Vater zum geselligen Stelldichein

einige seiner dummen Freunde zu uns nach Hause ein, und wie immer, wenn er trank, hielt er es für eine geniale Idee, ein Feuer zu legen. Schon beim alljährlichen Osterfest, das Freunde meiner Eltern in einer Grillhütte im Nachbarsdorf veranstalteten und bei dem ich natürlich mitziehen musste, krönte sich mein Vater mit dem Sprung durch das riesige Osterfeuer selbst zum »God of Hellfire«. Im Garten hatte er für sein nächstes trunkenes Kunststück eigens ein großes Loch gebuddelt, in dem sich wiederum ein gigantischer rostiger Kessel befand. Diesen füllte er mit Holzresten und Papiermüll, später warf er in seinem Wahn ein in Fahrzeugbenzin getränktes Taschentuch hinein. Ein Knall, wie ich ihn davor und seitdem nicht mehr vernahm, schmiss mich regelrecht von der Bettcouch in meinem Zimmer und ließ auch den ein oder anderen Anwohner in Erscheinung treten. Die Stichflamme habe man noch zig Straßen weiter sehen können, erzählte ein Nachbarsjunge mir ein paar Tage später in der Schule. Mein Hals zog sich zu, und mein Herz drosch schnell und hart gegen meinen Brustkorb und mich auf den Balkon, wo ich von einem Bild biblischen Ausmaßes empfangen wurde: In unserem Garten regnete es Feuer. Ich kehrte um und hechtete voller Sorge und Wut und mit Tränen in den Augen die vierzehn Stufen, die ich beim Ab- und Aufstieg immer zählte, nach unten ins Erdgeschoss und von dort aus in den Garten. Verletzt wurde wie durch ein Wunder keiner, nur ich irgendwie, als mich mein Vater mit manischem Lachen und mit emporgestrecktem Mittelfinger der einen und einer Flasche Bier in der anderen Hand empfing. Ich verließ das Haus.

Als mein Vater meinem Onkel eines sonnigen Mittags beweisen musste, dass er sich problemlos vom Balkon aus dem zweiten Stock in eine Hecke stürzen könne, tat er das zu meinem Missfallen einfach. Die Nachbarn schüttelten den Kopf, ich auch. Selbst die Freude an der Fastnacht, die in der Südpfalz von großem Stellenwert ist, wurde mir bereits in jungen Jahren geraubt, als Mama und Papa mich mit blutüberströmten, bandagierten Händen und grün und blau geschlagenen Visagen bei meiner Oma abholten. Auch diese Episode, deren genaue Umstände mir bis heute schleierhaft sind, spielte sich im Litfaß ab. Anscheinend hat ein Trunkenbold meiner Mutter Avancen gemacht. Als sie diese nicht erwiderte, schlug er sie mit dem Gesicht auf den Tresen und mein Vater ihm ein Sektglas ins Gesicht.

An die Fußball-WM 2002 erinnere ich mich nur so luzide, weil meine Eltern sich betrunken nach einer Party stritten und kurz vor einer Trennung standen. Von Beginn an fiel es mir daher schwer, so zu tun, als wäre meine Familie normal. Ich mühte mich schon immer daran ab (und tue es dann und wann immer noch), meine Idee von familiärer Normalität, einer zumindest nach außen hin heilen Bande, mit dem manchmal amüsanten, öfter aber schockierenden Hang meiner Familie zum absurdem Verhalten zu vereinbaren. Es ist in all seinen Facetten ein ewig währendes Lied über Gegensätze.

Meine Familie und mein Verhältnis zu ihr sind ambivalent: Wenn mein Vater betrunken meine Freunde anpackte oder ungefragt und ohne Hemmungen die vulgären Geschichten aus alten Tagen auspackte, dann war mir das peinlich, und ich hasste ihn. Meine Mutter spürte das immer, tat aber oft nicht viel, außer mitzutrinken. Als Erster in meiner Familie, der die gymnasiale Oberstufe besuchte, hielt ich mich als Jugendlicher zu schlau für mein eigen Blut, empfand meinen Vater als unterbelichtet und tat alles dafür, mich gegen ihn und was er verkörperte, dachte und machte und mochte, zu stellen. Meine handwerkliche Ungeschicktheit, die Unfähigkeit Auto zu fahren, der Mangel an körperlicher Kraft, ja, vielleicht auch meine Sexualität sind im Grunde Erzeugnisse kindischer Revolte.

Meinen Vater wertzuschätzen lernte ich erst, als mir unweigerlich klar wurde, dass weitaus mehr von ihm in mir steckt, als ich annehmen wollte, und dass er von mir mindestens so eingeschüchtert war wie ich von ihm. Trotzdem, er ließ mich werden, was er nie werden durfte. Seine Schübe schädlicher Männlichkeit sind lediglich Beiprodukte seines Werdegangs, die mich nicht nur in die Andersartigkeit trieben, nein, sondern mir seit jeher eben auch ein Hort, an dem ich mich sicher wäge, sind. Ich verstecke mich hinter seinem breiten Kreuz, lege meine Hände auf seine starken Schultern – mein Vater gegen deinen Vater!

Wenn ich dieser Tage bei Heimatbesuchen versuche, mit

meiner Mutter auf der Terrasse einem Gespräch nachzugehen, tritt mein Vater in seiner abgewetzten Camouflage-Hose mit einer Banane aus dem Reißverschluss lugend oder wahlweise die Geheimratsecken unter der eigenen, unruhigen Hand frisch zum Irokesenschnitt rasiert, blutverschmiert samt Sonnenbrille und Zahnstocher im Mundwinkel, das AC/DC-Tattoo, das er sich mit Mitte fünfzig noch hat zulegen müssen, durch das Anspannen des Bizeps zur Schau stellend, auf den Plan und keift: »*Taxi Driver*, Alder! Top fuck!« Ich schüttele den Kopf, geniere und freue mich, denn da stehe ich selbst vor mir. Mein Vater erlernte erst im höheren Alter Feinfühligkeit. Weichheit scheint dennoch in weiter Ferne, wenn er mir dann erzählt, dass mein ältester Onkel ihn eines Abends um eine Ohrfeige bat und mein mittlerweile über 60-jähriger Vater entgegnete: »Wenn ich da ä Ohrfeich geb, reißt da's Gnick ab, un de Rahme verschiebt sich!« Das Ganze mündete in einen Ringkampf, die Terrasse als Kolosseum, meine Mutter währenddessen ignoriert solche Spektakel weiterhin gekonnt. Mein Vater hat übrigens gewonnen.

Meinen Vater altern zu sehen schmerzt auf eine mir bis dato unbekannte Art. Der Koloss bekommt Falten, dann Risse, bröckelt. Die Kraft, die ich selbst nicht aufbringen kann, die hat mein Vater immer tausendfach, und ich fürchte mich sehr davor, wenn er mal nicht mehr da ist. Er hingegen behauptet steif und fest, dass er mit meinen Knochen noch Nüsse knacken wird. Mein Vater, der sich selbst Lude und mich öfter, als mir lieb ist, seinen schnellsten Samenfaden nennt und, wenn ich zu Besuch bin, darauf besteht, dass ich ihm beweise, dass ich mehrere Klimmzüge hintereinander schaffe, sagt, im Leben ist man entweder ein Knight Rider oder ein Himbeer-Toni.

Alles Fleisch ist wie Gestein

Laufend gegen Wände dreschen
Bandagen um die Wunden schlingen
Hand in Hand dem Mauerwerk
dann Oden über Knöchel singen
Geballte Faust auf kaltem Asphalt
will rissigen Zement massieren
durch Sedimente Schicht um Schicht
das Gedicht dann mit Geröll panieren
Kies reißt Kindern Schorf vom Knie
die Narben sich am Mörtel auf
wir setzen uns, wie Gott uns schuf
auf trockene Kalkfelsen drauf
Denk ja nicht dran, zu lamentieren
ICH WERDE DICH EINBETONIEREN
Drum lass es lieber sein
Alles Fleisch ist nicht wie Gras,
für mich ist es Gestein

Meine Verrohung

Es war ein schleichender Prozess, etwas, das wie ein bösartiges Geschwür ungestört in mir wucherte, bestimmt einfach schon immer da lauerte, geduldig wartete und wohlgenährt durch all meine faulen Gedanken schließlich zur Bedingung, zu etwas ganz Grundsätzlichem heranwuchs. Den Ursprung meiner Verrohung ausfindig zu machen ist mir unmöglich: Der Storch hat sie vermutlich mit dem geschickten Schnabel irgendwo aufgegabelt, beim Sturzflug Richtung Elternhaus war sie ihm dann versehentlich aus der Gosche gefallen und mit in meiner Wiege gelandet. Ja, genau so muss es gewesen sein …

Mit Streichholz und Spiritus ausgerüstet, schlich ich in der frühen Morgendämmerung umher, durchsuchte ein paar der leer stehenden Fabrikhallen und Gasometer in der Umgebung nach übrig gebliebenen Fässern, warf dann meine Fotos, Briefe, Zeichnungen, Bücher, sogar ordnerweise Unterlagen hinein und steckte alles an. Mein Puls raste, als ich mich über die lodernden Flammen lehnte, sie meine kalte Haut umspielen ließ. Besonnen sog ich ihre Hitze auf. Heiße Zungen peitschten umher und warfen wie ein wüstes Schattenspiel scheußliche Bilder auf die Innenseite meiner Lider.

Die baufällige Backsteinhalle schien mir unendlich weit, der in ihrer Mitte brennende Bottich wie eine einsame Barke im offenen Meer. Dann nahm ich einen tiefen Zug und pustete den Qualm meiner Vergangenheit in die Luft. Das tat ich immer wieder, ungeachtet des Kratzens in meiner Brust, des fruchtlosen Gesuchs meiner gebeutelten Lunge, bis bloß ein Haufen glimmender Asche übrig war, bis die Morgenröte durch die zerschlagenen Fenster kroch und auch das Firmament in Brand setzte.

Ich tauchte meinen Zeigefinger in die warmen Überbleibsel, rührte die graue Suppe ein paarmal um und umschloss ihn mit meinen Lippen. Ich sog an meinem bitteren Schnuller, zog ihn dabei immer wieder ein Stück heraus. Mund und Griffel spielten Tauziehen, bis sich zwischen ihnen ein kleines Reservoir feuchter Asche bildete. Beinahe robotisch begann ich dann, mir immer größere Portionen in den Mund zu stopfen, schaufelte, als wäre es meine Henkersmahlzeit, Fäuste meines alten Lebens in mich hinein: Ich wollte zum Abschied noch einmal jede einzelne Sekunde schmecken, bevor ich die Erinnerung endgültig verdaute. Als mein Hunger endlich gestillt war, vergrub ich meinen Kopf in der restlichen Asche.

Schule

Ich kann mich selten an meine Träume erinnern. Das stört mich nicht. Es muss so eine Art Schutzmechanismus meines Verstands sein, setz ich mich doch mein Leben lang schon allerlei zweifelhafter Sachen aus, von denen ich mir eigentlich kaum vorstellen kann, dass sie mich derart kaltlassen. Nur wenn ich von meiner Schulzeit träume, erinnere ich beinahe jedes Detail. Die Myriaden morbider Kuriositäten, die ich mir mittels Internet und allerhand abseitiger Literatur vor, während und nach meiner Schulzeit kontinuierlich in die Schädelwände gemeißelt habe – allesamt schnurstracks verwischt und dann für immer in der zerebralen Versenkung verschwunden.

An den Kindergarten denke ich selten nur, aber wenn, dann gerne zurück. Ich wurde der Entengruppe zugeteilt, und auf meinem roten Stoff-Turnbeutel war ein brauner Bär abgedruckt. Das empfand ich als passend, denn zu Hause teilte ich mein Kinderzimmer unter anderem mit Edgar, dem Teddybären (dem Ehemann von Margott, der kleinen grünen Ente), meinem ersten Stofftier. Er wird sich einige Jahre später, nach einem fatalen Zusammentreffen mit unserem Russisch-Blau-Charteux-Mischling, einer Gesichtstransplantation unterziehen müssen. Es schmerzt mich aufrichtig, dass die Erinnerung an sein altes Gesicht mehr und mehr verblasst.

In diesem Kindergarten gab es jedenfalls einen spärlich beleuchteten Raum voller alter Matratzen, in dem ich und ein anderer Junge uns oft gemeinsam verschanzten. Der blasse Bursche hatte eine helle Mähne. Haare, die in fettigen Strähnen bündelweise an seiner Stirn klebten. Nicht ganz durchsichtig wie die silbrig grauen Glasfasern, die aus den Sockeln kitschiger Leuchten (wie man sie Anfang der 2000er in jedem x-beliebigen Partykeller fand) sprossen. Die Kulleraugen hatten dieselbe Farbe wie sein Haar, ja, er hatte blonde Augen, leer wie die eines Hais erzählten sie, den starren Blick immer ins Nichts gerichtet, vom zerrütteten Elternhaus: dem Davonlaufen der Mutter und dem Vater, der bald darauf den Freitod wählte, von den einsamen Nächten in Kinderheimen und dem Pendeln zwischen den von besagten Geschehnissen ebenso überforderten Onkeln und Tanten und wer auch immer ihn aufnehmen wollte, provisorische Adoptivfamilien, denen er sich nie wirklich zugehörig fühlte, von Erlebnissen, die in mehreren Leben nicht genug Platz fänden.

Das Einzige, das nicht blond war an ihm, war die wulstige lila Narbe, die auf der rechten Seite von der Stirn aus die Augenbraue entzweite und ihm quer über das Lid bis zur Wange, fast ans Ohrläppchen, lief, als wollte sie genau dahin zeigen, dort an dieser Stelle auf etwas aufmerksam machen; die umso überzeichneter, manchmal fast comichaft wirkte, weil er ja sonst eine geisterhafte Erscheinung war, und die seine seltsame Schönheit in keiner Weise minderte, im Gegenteil. Woher er sie hatte, traute ich mich nie zu fragen.

Sein von einem zarten Flaum eingerahmter Mund stand immer offen, er sah verlottert und so aus, als wäre er vom Scheitel bis zur Sohle von einem öligen Film überzogen. Sein ganzes Auftreten stimmte mich schon als Kleinkind wehmütig, man sah ihm sein Elend, die Armut sofort an – *it takes one to know one, real recognize real* etc., auch ich war davor nicht gefeit. Richtig bewusst wurde mir das, als ich zur Fastnacht als Batman aufschlug, die Verkleidung notdürftig, aber liebevoll von meiner Oma aus alten Stoffresten zusammengeflickt, das Emblem der schwarzen Fledermaus nur mit Filzstift aufgemalt, die Maske und Armstulpen in mühevoller Handarbeit von meiner Mutter aus Bastelpapier gefertigt. Als ein anderes Kind dann mit der offiziell lizenzierten Deluxe-Version des Kostüms antrat, mitsamt haptischer Bauch- und Brustmuskulatur, Stiefelstulpen, Maske und gelbem Gürtel aus Kunststoff, fabrikfrisch, schämte ich mich auf einmal in Grund und Boden. Ich war Adam West, er war Christian Bale.

Zurück zu meinem bleichen Kompagnon: Zusammen harrten wir viele Tage geduldsam aus, standen stundenlang Schmiere, bis die Liegewiese sich endlich leerte. Jeder von uns wusste ganz genau, was dann zu tun war: Wie die Arbeiter beim Bau der Pyramiden hievten wir die im Vergleich zu unseren Kinderkörpern kolossal wirkenden Matratzen umher, bahrten sie mit vereinten Kräften auf und bauten uns so mühevoll unser instabiles Tipi. Dort, in unserer Federkern-Festung, haben wir uns dann aneinandergeschmiegt. Im unausgesprochenen Bewusstsein, nicht etwa etwas Verbotenes, aber bestimmt Verrufenes zu tun, zimmerten wir uns einen Raum in einem Raum, schufen einen weichen Wall. Ich habe absolut keinen Schimmer, was mein *partner in crime* heute macht, obwohl ich es bestimmt herausfinden könnte. Ob er hin und wieder an mich denkt? Ich habe seitdem jedenfalls eine Menge Jungs geküsst, siebzehn Stück, wenn ich mich nicht verzählt habe. Ihr Atem und ihre Haare riechen immer genau gleich – sie riechen nach ihm.

Ich lösche viele Ereignisse, auch fundamentale, aus meinem Kopf. Anscheinend ist einfach nicht genug Kapazität vorhanden, und ich muss mit dem gegebenen Platz sparsam haushalten. »Ihr Speicher ist fast voll!« Vielleicht einfach Selbstschutz. Allzu oft wird mir lebhaft von den Ereignissen vergangener Tage berichtet und davon ausgegangen, dass ich mich dieser Situationen genauso luzide entsinnen kann. »Erinnerst du dich noch, damals, als …?« – aller Wahrscheinlichkeit nach nicht, nein. Selbst Anekdoten, auf denen das Bild anderer von mir aufbaut, scheinen mir komplett fremd oder sind allerhöchstens vage in Erinnerung geblieben. Ein Freund meinte spaßeshalber einmal, mein Gehirn sei in etwa so wie ein großporiger Schwamm, der nur Scheiße aufsaugt – es stimmt.

Denke ich an die Grundschule, denke ich daran, wie ich einmal, grundlos, glaube ich, bis zur Bewusstlosigkeit gewürgt und beinahe erstickt wurde, wie meine aus Lebensnot zuerst fuchtelnden Gliedmaßen unter beharrlichem Griff langsam erschlafften und mir allmählich das Leben entwich. Kurz vor dem frühzeitigen Exitus ließ der Mörder in spe von mir ab. Eine lange Zeit noch war dieser Typ der Fluch meiner Existenz: Er hatte erst die besseren Pokémon-Karten und dann ein Sixpack. Zum Schutz bandelte ich mit derben Schlägertypen an, doch auch die malträtierten mich über Jahre hinweg, mal hatte ich bei ihnen einen Stein im Brett, mal beschmissen sie mich mit selbigen. Ich weiß noch, dass es immer wieder Phasen gab, in denen sie sich gegen mich verschworen hatten, weil ich mich mit Jungen abgab, die sie für schwul hielten.

Ich wollte, genau wie heute auch noch, von allen gemocht werden, und so mochte mich wiederum keiner. Eine Mitschülerin verließ mitten im Jahr aufgrund eines Umzugs die Schule, und es bekam jeder einen Abschiedsbrief außer mir. In den Pausen wusste ich oft nicht, zu wem ich mich stellen sollte. Ich versuchte dann die Lehrerinnen und Lehrer in Gespräche zu verwickeln oder verbarg mich, solange es ging, in den Klassenzimmern, von wo aus ich aus der Vogelperspektive beobachten konnte, wie die Rowdys wie Raubtiere ausschwärmten und nach mir suchten. Sie waren größer und stärker als ich, was sie mich auch bei jeder Gelegenheit spüren ließen.

Sie peinigten mich auf alle erdenklichen Arten und Weisen und machten sich darüber lustig, wenn ich deswegen weinte. Weil sie ständig meine Zeichnungen zerrissen, habe ich früh das Zeichnen aufgegeben. Ihre Eltern hatten viel Geld, sie bekamen immer, was meine sich nicht leisten wollten oder konnten, besaßen CDs und VHS-Kassetten und immer die neuesten Spielkonsolen und Klamotten. Ich fühlte mich, als könnte ich nicht mithalten. Sie rauchten viel und spuckten, bis sich vor ihnen beachtliche Pfützen gebildet hatten. Ihre Väter waren stoische Chauvinisten, die zu schnell fuhren, notorische Ehebrecher, die Söhne pinkelten zu Hause auf den Teppichboden. Meine Haare wuchsen schulterlang, ihre rasierten sie zu kurzen Stoppeln, ich hing mit Punkern ab, sie mit beinharten Faschos. Uns verbanden die Erinnerungen an kindische Schandtaten. Als ich sie vor einigen Jahren zum letzten Mal treffe, habe ich das Gefühl, vor mir sitzen immer noch die ungezogenen Teenager, mittlerweile in der Hülle erwachsener Männer, ich erschaudere bei dem Anblick. Sie wettern gegen Schwule und tragen die gleichen klobigen Sneaker wie damals.

In meiner Grundschulklasse war eine kurze Zeit lang auch ein Mädchen, das Gras aß und über das das Gerücht kursierte, seine Eltern würden daheim Bargeld verbrennen. Sie hatte Zähne gelb wie Sonnenblumenblätter, widerborstiges, rostfarbenes Haar im Meckischnitt und eine unausstehlich krächzende Stimme. Sie sah aus wie ein Cartoon-Charakter (in meinem Kopf ähnelt sie einer Mischung aus Alfred E. Neumann und Bert aus der Sesamstraße), erinnerte mich an Fotos meines jungen Vaters und war dann eines Tages wie vom Erdboden verschluckt.

Ich musste damals oft länger in der Schule bleiben, weil ich es trotz akzeptabler anderweitiger Leistungen einfach nicht schaffte, die Zeigeruhr zu verstehen. Der Beginn der blanken Verweigerung, bis heute kann ich sie nicht richtig lesen. Mitten auf dem Pausenhof türmte sich eine terrakottafarbene Statue, für uns Kinder wirkte sie in jener Zeit riesengroß. Jede Pause bildete sich vor dem Götzen, in dessen Kopf ein eiserner Henkel eingelassen war, eine lange Schlange. Einer nach dem anderen klammerte sich mittels gezieltem Hechtsprung an den Griff und hievte sich so nach oben bis auf das Haupt der Figur. So bezwang man zum tosenden Klang all der anderen Kinder den Riesen. Ich habe es nicht ein einziges Mal geschafft, der Griff wurde mittlerweile entfernt.

Viele meiner Mitschüler wechselten auf umliegende Schulen, und so ließ ich bald die Grundschulzeit emotional links liegen und wurde in der fünften Klasse dann endlich zum Superstar: Eine meiner beliebtesten Darbietungen war, so zu tun, als wäre mir die Kappe meines Füllers im Halse stecken geblieben. Wie in der Fabel vom Hirtenjungen und dem Wolf glaubte man mir nicht, als es dann wirklich passierte. Wieder einmal dem Erstickungstod bloß knapp von der Schippe gesprungen, der rote Faden meiner akademischen Laufbahn.

Ich war ein gescheiter, aber sehr fauler und vorlauter Junge, wollte immer und um jeden Preis auffallen. Die Torturen der Fieslinge, die ich noch vor wenigen Monaten zu meinen engsten Freunden gezählt hatte und die ich mittlerweile schon hoffte, nie wiederzusehen, gepaart mit einem Faible für Gegenkultur und allem, das nur das kleinste bisschen aufreibend und anstößig war, hinterließen tiefe Furchen in meinem Inneren: Ich lehnte jede kleinste Andeutung von Autorität ab, neigte zu cholerischen Wutausbrüchen, zum Jähzorn, wurde beleidigend und handgreiflich.

So gab man mir mit der Vollendung der sechsten Klasse eine Realschul-Empfehlung, ein damaliger Lehrer allerdings war der Überzeugung, eine Ausbildung in einem handwerklichen Beruf täte einem hyperaktiven Querulanten wie mir sicher gut, und legte meinen Eltern ans Herz, man möge mich doch besser auf die Hauptschule schicken, die mittlere Reife, ganz zu schweigen vom Abitur, könne ich sowieso nimmer bewältigen. Ich war eine schiere Zumutung: Die Birne voller Blitze, ich war »10 Pounds Of Shit In A 5 Pound Bag«. Ich entschied mich, zum Trotz, für das Gymnasium. Obwohl dieser Lehrer nicht ganz unrecht hatte, nahm ich ihm seine Einschätzung noch lange Zeit übel. Beim Public Viewing während irgendeiner Fußball-Meisterschaft bewarf ich ihn deswegen Jahre später mit benutzten Taschentüchern.

In der siebten Klasse begann ich Nagellack und schulterlanges schwarz gefärbtes Haar zu tragen. Ich wurde während dieser Zeit sehr häufig beleidigt oder für ein Mädchen gehalten. Ein Lehrer fragte einmal: »Ist er eine Sie oder sie ein Er?«, woraufhin ich mir bald die wallenden Locken zu einem Irokesen schnitt. Früher war sie mir immer sehr unangenehm, heute, wo mein Haupthaar sich langsam lichtet, sehne ich mich zurück nach juveniler Androgynie.

Vor der großen Klassenfahrt nach England ging unser Kursleiter alphabetisch die Namen eines jeden Schülers durch; wer aufgerufen wurde, sollte den gewünschten Zimmerpartner nennen. Auch er wusste, ich war ein unerträglicher Störenfried, und ließ spöttisch verlauten, dass er es für keine gute Idee halte, dass meine Wunschmitbewohnerin sich ein Zimmer mit mir teilt. Ich fühlte mich brüskiert, enttarnt: Das Blatt hatte sich gewendet, ich mich nach Jahren der Tyrannei selbst zum Flegel gemausert, nun war also ich zu dem Tunichtgut geworden, den Eltern für einen schlechten Einfluss hielten. Ich weiß nicht mehr, was genau ich erwiderte, wahrscheinlich, wie unverschämt ich sein Kommentar fand, auf alle Fälle wollte er mich des Raumes verweisen, dagegen sträubte ich mich allerdings. Die Situation eskalierte letztendlich, als ich den Lehrer beschimpfte. Unter den schockierten Blicken meiner Mitschüler packte er mich am Arm und riss mich vom Stuhl, schleifte mich von da aus Richtung Tür. Ich weinte vor Wut, faselte irgendwas von den Konsequenzen, die das für ihn haben werde, knallte die Tür und stapfte zum Lehrerzimmer. Dort trafen wir uns wenig später wieder und fingen augenblicklich an, miteinander zu rangeln. Andere Lehrer eilten herbei und hielten uns voneinander fern, es muss für Außenstehende ein absurdes Bild abgegeben haben. Ernsthafte Konsequenzen zogen meine Ausbrüche ob meiner Seilschaften innerhalb des Lehrkörpers nie nach sich. Irgendwer hat immer das ein oder andere gute Wort für mich eingelegt.

Im Kunstunterricht der Oberstufe habe ich zum Thema Weiblichkeit einmal eine Geburt inszeniert. Auf dem Gelände des Schulzentrums spannte ich zwischen Bäumen und Laternenmasten Stützstrümpfe in Form eines Dreiecks. In sie hatte ich Orangen gestopft, an anderen Stellen hingen mit Milch gefüllte Ballons und mit Wäscheklammern befestigte Bilder eines Embryos in verschiedenen Stadien. In einer Ecke die Schaufensterpuppe, die mein Vater mir vom Schrottplatz mitgebracht hatte und die sonst zur Dekoration in meinem Zimmer stand. In ihrer Mitte befestigt ein mit Tomatensaft sowie einer Babypuppe gefüllter gelber Müllsack, der während des Unterrichts dann feierlich geöffnet wurde. Volle Punktzahl.

Ich war aber doch immer ein sehr durchschnittlicher Schüler. So bot mir etwa meine Sportlehrerin an, sie würde mich zumindest nicht durchfallen lassen, solange ich ihr verspreche, nicht mehr aufzutauchen. Feierlich zerbrach ich meinen Badminton-Schläger und stolzierte Richtung Umkleide, wo ich erst neulich in die Schuhe eines Mitschülers gepinkelt hatte, weil er einen anderen wiederholt als schwul beschimpfte. Wie er nach der Doppelstunde dann seinen besten Freund bezichtigte, Wasser in seine Sneakers geschüttet zu haben, beobachtete ich voller Genugtuung. Ich habe damals oft fantasiert, wie ich mir das *Anarchist Cookbook* zulege und mit selbst gebastelten Waffen nächtens als Ein-Mann-Bürgerwehr über den Dächern des Dorfs wache und alle Übeltäter zur Rechenschaft ziehe. Ich war anstrengend, weil ich es sein wollte. Der Rektor ließ mich am Abend des Abiballs wissen, ich sei nie leicht, aber immer wichtig gewesen. Was genau das heißt, weiß ich bis heute nicht.

An die Universität schrieb ich mich wegen elterlichen Drucks ein. Bereits am ersten Tag wusste ich, dass ich es auf der Uni nicht lange aushalten werde. Ich fand keinen Anschluss, fühlte mich allein und an die Grundschulzeit zurückerinnert, darüber hinaus empfand ich schon den Bewerbungsprozess als kaum zu bewältigen. Ich konnte entsprechende Kursräume nicht rechtzeitig ausfindig machen, mir fehlten andauernd Bücher und irgendwelche wichtigen Formulare. Ich kreuzte auf, wenn der Unterricht ausfiel, fehlte, wenn er stattfand.

Ich habe, über das Lesen und Schreiben und Rechnen hinweg, während meiner Schulzeit kaum eine Sache gelernt, die mir heute von Nutzen ist, und habe nur aus Angst vor absoluter Perspektivlosigkeit nie vorzeitig abgebrochen. Nicht einmal ein eigenes, einheitliches Schriftbild habe ich geschafft zu entwickeln. Noch heute schreibe ich in Schreibschrift und einer wirren, unbeständigen Mischung aus unterschiedlichsten Schriftarten, mal so, dann mitten in einem Wort wieder so. Ich habe irgendwo einmal gelesen, dass das eine Eigenschaft von Psychopathen sei.

Die Kündigung

Es war September oder Oktober oder November 2008, als sich alles für immer änderte. Ich war fünfzehn Jahre alt und besuchte mit meiner Schulklasse das Kino, um den Spielfilm *Der Baader Meinhof Komplex* zu sehen. Merkwürdigerweise war es ein Ausflug zusammen mit unserem Mathelehrer, der eine Obsession mit der RAF pflegte und es sich, so schien mir, zur Lebensaufgabe gemacht hatte, diese an uns weiterzugeben. Einmal musste ich sogar als Hausaufgabe Jan-Carl Raspe recherchieren, um dann am nächsten Tag auf dem heißen Stuhl in die Rolle des Terroristen zu schlüpfen.

Der Film jedenfalls gefiel mir, ich alberte mit Klassenkameraden herum, hatte eine gute Zeit im Kinosaal. Zumindest bis mein Körper spontan in Panik geriet. Ein Schalter legte sich um, klick, einfach so. Keine Vorwarnung. Es gab jetzt ein Davor und Danach, eine klare Zäsur. Kalter Schweiß brach aus, begleitet von einem Puckern so heftig, dass es mich im Sessel hin- und herzuschmeißen schien.

Ich verspürte plötzlich tiefes Unbehagen, wie ich es noch nie zuvor oder seitdem vernommen habe, Unheil, das sich als schwarze Kugel in meiner Mitte materialisierte und streute. Unvermittelt überfiel mich eine Art Urangst, die sich aus Angst vor der Angst nur noch vervielfachte. Ich wusste nicht, was ich tun sollte, irgendwann stand ich auf und wankte auf wackeligen Stelzen hin zu unserem Lehrer, dem ich sagte, mir ginge es nicht gut und dass ich deshalb kurz austreten müsse.

Ich presste meinen Handrücken gegen meine Stirn, Fieber war es nicht. In der Toilette spritzte ich mir etwas kaltes Wasser ins Gesicht. Als ich den Kopf hob und in den Spiegel blickte, erschrak ich: Der mir da entgegenblickte, das war nicht ich. Ich kannte sein Gesicht, war ja vertraut mit allen Zügen, aber ich, der das dachte, war nicht der, den ich sah. Der fensterlose Raum begann zu vibrieren, und ich verlor bald darauf das Bewusstsein. So richtig zu mir kommen würde ich die nächsten vier Jahre nicht.

Man fand und brachte mich in das örtliche Krankenhaus, wo man mir auf die Schnelle nichts attestieren konnte. Meine Mutter holte mich ab, ich spielte ihr zuliebe alles herunter und verbrachte den Rest des Tags im Bett. Mir war, als hätte man mich neu verkabelt, als hätte eine unsichtbare Hand versucht, mich aus dem Geschehen heraus- und in den Wahnsinn hineinzureißen, aber auf halber Strecke von mir abgelassen. Ich war da, dachte, ich sei klar, aber ich hing fest in einer Art Interim. Wer man ist, ist genauso gebunden an das, was durch Sinnesorgane wahrgenommen werden kann, wie an den Geist, die tiefere Ebene, die wie Gelenkflüssigkeit zwischen den Fakten hängt. Beides lag wie Puzzleteile vor mir, aber auf einmal gehörte es nicht mehr zum selben Bild. Ich redete mir ein, das alles sei nur ein Ausfall, lediglich ein Kurzschluss gewesen. In Wahrheit aber merkte ich, dass sich etwas Grundlegendes verlagert hatte.

Der Mietvertrag für meinen Körper war gekündigt worden, doch auch meine Gedanken wirkten fremd. Sie entglitten mir, schon lange bevor ich sie überhaupt denken wollte, und trieben dann davon. Die Wahrnehmung meiner Identität war zu feinem Pulver zersetzt worden, an ihre Stelle trat ein ständiges Hinterfragen meiner Existenz. Eine höhere Instanz hat ihre Bürotür einen Spaltbreit aufgelassen, und ich habe einen schnellen Blick erhascht, lange genug, um zu verunsichern, viel zu kurz, um zu verstehen. In den darauffolgenden Tagen hütete ich mein Zimmer, probierte mich langsam wieder an gewohnte Abläufe zu klammern: Schule, Freunde, ich besuchte Konzerte. Mein verzerrtes Empfinden, die Nervosität immer bei Fuß, wie eine Fessel, an deren Ende ein bleiernes Gewicht hing.

Wir saßen im Wohnzimmer eines Kumpels, der sturmfreie Bude hatte. Im Fernsehen lief eine Doku über Düsenjäger. Schloss ich die Augen, tat sich ein System gläserner Leitungen auf, vertrackt und ineinander verschlungen, durch sie schoss grüne Milch, ich sah Zahlen, Formen, schemenhafte Kreaturen, wie von einem Kleinkind gekritzelt, aus elektrischem Potenzial gemacht. Realität und Einbildung überreichten sich den Staffelstab, während im TV die Jets durch die Lüfte schossen. Der Raum zuckte, immer wieder fanden solche Verschiebungen statt. Ich sah, wie sich die Münder meiner Mitmenschen bewegten, hörte, wie sie sprachen, aber die Informationen erreichten mich nicht. Auch die Personen um mich herum wurden jetzt wie eine vielschichtige Matrjoschka demontiert. Doch wurden sie nicht nur an den Sollbruchstellen, nicht bloß entlang der Perforation getrennt – die Schnitte waren willkürlich: Körper, Stimmen, Inhalte und Intentionen; meine Wahrnehmungskette war aufgedröselt, ihre einzelnen Glieder zerschlagen und verstreut worden. Völlige Selbst- und Fremdentfremdung, aus Schüben wurde Dauerzustand.

Ich habe diesbezüglich zuerst mit niemandem gesprochen, mich vor lauter Furcht nicht einmal im Geheimen darüber informiert, was mit mir geschehen sein könnte. Ich schämte mich. Wenn ich heute davon erzähle, sind die Menschen, die mich zu dieser Zeit kannten, oft traurig. Ich denke an den Jungen, der ich davor war und auf ewig hätte sein können. Ich denke an ein unbeschwerteres, an ein geradlinigeres Leben, an Konzentration und Fokus. Stattdessen schmierte ein misslicher Umstand Tünche über all das, und so gibt es jetzt ein ewiges Was-wäre-wenn. Und doch, ich bin mittlerweile auch froh, stolz beinahe, dem Wahnsinn von der Schippe gesprungen zu sein, versuche es als notwendiges Übel zu betrachten, denn: Ich habe gelernt zu differenzieren, zu ignorieren, zu akzeptieren, bis die Episoden mit jedem Jahr seltener und seltener wurden.

Aus schierer Hilflosigkeit bin ich dem Delirium irgendwann mit offenen Armen begegnet und lernte so, über die fragile Oberfläche der Wirklichkeit auf Katzentatzen zu tänzeln, meide jeden Seitenwind. Ich habe er- und überlebt, was unter ihr wartet, und ich fürchte mich nicht mehr.

Schmarotzer

Der Mensch baut sich Straßen und stellt Häuser drauf, umzäunt, säumt sie mit Beeten. Er schichtet auf, versteckt, deckt ab; wo es geht, überpinselt und maskiert er. Er schustert sich eine grelle Kulisse, auf dass er, geblendet, vergisst, dass unter allem bloß Dreck ist.

*

Es zog mich in die Innenstadt, vorbei an dem Friseursalon mit der schlampig aufgeklebten Spiegelfolie im Schaufenster. Die oberen Ecken rollten sich auf und entblößten dabei die verdreckte Klebefläche auf ihrer Rückseite. Die Folie war übersät von kleinen Luftdepots, Makel auf ihrer perfekten Haut, Erhebungen, die ich bei ausgestreckter Hand wie das Kind mit Stock am Metallzaun im Vorbeigehen sachte streichelte und mich so mit ihrer Topografie vertraut machte. Hinter den Gittern der Straßendörfer, wo schneeweiße Reihenhäuser auf frischem Teer wie gebleichte Zähne Spalier standen und mich hämisch belächelten, fletschten fast, verweilte ich von früh bis spät, beobachtete und belauschte und bewunderte und hasste die Katalogfamilien dort.

Besonders angetan hatte es mir die Familie aus der 46. Ich führte Buch über ihre Aufsteh- und Zubettgehzeit, notierte penibel Verlassen und Eintreffen. Nächtens wühlte ich in ihren Abfalleimern, kannte die präferierte Milchmarke, wusste um die Blutdrucksenker der Mutter Bescheid und war auch über Potenzmittelkonsum im Bilde.

Wochenlang spähte ich ihre Gewohnheiten aus, bis sich ein Muster ergab, ich mir meiner Sache sicher genug sein konnte. 7:30 Uhr: Sobald die Tochter in der Schule und ihre Eltern auf der Arbeit waren, bahnte ich mir meinen Weg durch das Dickicht des völlig verwilderten Gartens der stillgelegten Brauerei auf der offenen Rückseite der Siedlung, welcher geradewegs zur Veranda der Familie führte. Durch meine Beobachtungen wusste ich, dass sie die Tür immer nur anlehnten – in diesem vermeintlich geschlossenen System gab es für sie schließlich nichts zu befürchten.

Ich übertrat die Schwelle, hinein in ein anderes Leben, und wandelte als Außerirdischer, den man auf den Planeten gesandt hatte, um das irdische Miteinander zu studieren, durch die Zimmer. Ich sprang die Treppen hinauf ins Obergeschoss, immer zwei auf einmal, ließ mich dann Kopf voran in das opulente Himmelbett fallen und schmiegte meinen Kopf ans Deckbett. Ich inhalierte die Mischung aus Nachtschweiß und dem guten Waschpulver, das ich aus der Mülltonne kannte.

Ich inspizierte jeden Raum bis in die allerletzten Ecken, roch und leckte an den Zahnbürsten, den benutzten Taschentüchern und Puderquasten und Wattestäbchen. Ich trug die getragenen Hemden und die Lesebrille des Vaters, kaute, während die Schneckenspur meiner fettigen Haare den pistazieneisfarbenen Bezug seines Schreibtischstuhls polierte, auf seinen Zigarettenkippen herum. Ich malte mir aus, ich hätte etwas Wichtiges zu tun, und wie die Mutter mich zum Abendessen rief, dann flitzte ich an den großen Esstisch und schleckte die Reste von den dreckigen Tellern. Bald war ich vertraut mit dem Inhalt jedes Schranks, ich wusste alles und war doch nichts weiter als ein Fremdkörper in diesem makellosen Organismus.

Bei jedem meiner Besuche hinterließ ich der Familie im Gegenzug eine Kleinigkeit von mir: Mal ritzte ich mit einem Schraubenzieher meine Initialen in die Unterseite eines der weißen Regalbretter oder machte mit meiner Sofortbildkamera Schnappschüsse, von denen ich die meisten behielt und ein paar hinter Heizkörpern platzierte, mal setzte ich mit einer Rasierklinge einen kleinen Schnitt an der Fingerkuppe und ließ etwas Blut in ihre Safttüten tropfen.

17:45 Uhr: Das Rumpeln des anspringenden Boilers war der Rhythmus, nach dem ich tanzte. Die Zeitschaltuhr, die diesen anwarf, erinnerte mich freundlich meiner verbleibenden Zeit. Ich liebe meine neue Familie und treibe noch heute mein Unwesen im Anwesen.

Der Spion

Antennen in den Bäumen
Wanzen in den Räumen
Löcher in der Zeitung
Fremder in der Leitung

Es raschelt mitten in der Nacht
Ein Schütze wartet auf dem Dach
Der Informant geschmiert
Die Briefe waren codiert

Husch durch geheime Gänge
Untertauchen im Gedränge
Revolver in der Aktentasche
Zyankali, Wasserflasche

Heimat

Die Gläser zerspringen
auf dem Parkett
Unter den Scherben (nur ein paar Meter tiefer)
da wohnen die Knochen der Alten (die haben's gut)
Wir tanzen und springen und stampfen
auf dass alles pulverisiert

Heimat ist ein Loch
Dem Vater nehmen sie Kind und Beine –
erst das eine, dann das andere – ab
Die Tätowiermaschinen sind selbst gebaut
Bunte Narben, junge Haut
Heimat ist ein Kreis

Die Party

Es ist eine dunkle Nacht. Nachts ist es ja meistens dunkel, aber diese hier, die ist wirklich stockfinster. Rolladen-runter-und-das-Gesicht-ins-Kissen-drücken-finster. Diese Nacht ist ein völlig leerer Raum, der mit Ideen vollgestopft werden muss, bei näherer Betrachtung hat er aber keine Wände: Eine Alles-ist-möglich-Nacht, eine Nacht, um sein sanftes Herz wie den Kuckuck in der Uhr zur Schau zu stellen und es von allen Seiten attackieren zu lassen.

Ich rutsche Stufe für Stufe erst über die Holz- und dann die Steintreppe herunter bis zum Keller, klaue den Wein, der halt da ist, krieche, wie die Nacktschnecken in unserem Garten es mir beigebracht haben, die Geländer wieder hoch und verlasse mein Elternhaus durch die Balkontür meines Zimmers. Das konstante Rauschen der Landstraßen hinter den Feldern ist hier nachts das einzige Geräusch und wird in mir nach jahrelanger Absenz Heimweh auslösen. Aber jetzt gerade weiß ich das noch nicht. Mit etwas Anlauf und indem ich sofort – wie beim Schwimmen das Wasser – die mir entgegenströmende Luft unter großer Anstrengung zur Seite schiebe, gleite ich sicher gen Beton. Nur die orangefarbenen Straßenlaternen stechen sich in regelmäßigen Abständen wie leuchtende Säbel durch das Dunkel des dicken Moltons, in den Christo und Jeanne-Claude neulich unser ganzes Dorf gehüllt haben.

Ich bleibe einen Moment lang stehen, länger als nötig und sicherlich länger als genehm, fasse Fuß, gehe sicher, dass auch wirklich keiner außer mir hier ist. Linksrechtslinks. Und von vorne! Und von hinten! Die Straße gibt unter meinem Gewicht leicht nach, weil sie wie eine Hüpfburg nur mit Luft gefüllt ist. Ich kneife meine Augen fest zu, hangele ich mich als Wahlblinder entlang den Leuchtröhren vorbei an der Fahrschule Deck (wo ich meinen Führerschein nie zu Ende machen werde) die Eisenbahnstraße (wo seit 1996 keine Eisenbahn mehr fuhr) herunter und hopse von der Eisenbahnstraße mit einem Satz in die Busseraustraße.

Obwohl ich natürlich schon wusste, was geht, musste ich mich durch ständiges Nachfragen, was denn am Wochenende so gehe, mal wieder selbst einladen. So war es, und so wird es immer sein. Entgegen der ausdrücklichen Bitte des Gastgebers muss ich, nachdem auf das Klopfen gegen die Kellerfenster keinerlei Reaktion kam, klingeln, denn ein Handy besitze ich nicht. Wozu auch? Ich tippel nach der zu erwartenden Rüge gesenkten Hauptes und klanglos am Wohnzimmer vorbei. Die reglosen Eltern vorm Fernseher spiegeln sich in der Glastür, sie sind nur eine Attrappe. Diesmal springe ich die Kellertreppe einfach gleich auf einmal nach unten und sehe dann, dass all meine Freunde schon da sind. Sie sitzen auf ausgemusterten Sofas und Sesseln und Stühlen, die allesamt nicht zueinanderpassen, haben sich um den achteckigen Fliesentisch versammelt und sind so die fleischgewordene Spiegelung des Kartendecks, das auf ebendiesem Tisch kreisrund um einen leeren Becher liegt.

Komasaufen als Zeitvertreib auf dem Dorf, der Klassiker schlechthin! Unsere großen Geschwister haben es uns beigebracht, die haben es von unseren Eltern. Wir spielen bis zur Ohnmacht und spielen weiter, sobald wir wieder aufwachen. Hin und wieder wird auch ein Joint gerollt. Seit es ein paar aus dieser illustren Runde ob des doch mauen regionalen Angebots selbst in die Zucht verschlagen hat, gibt es das Gras im Überfluss. Es soll natürlich, wenn überhaupt, nur an Freunde verkauft werden, und keiner darf es wem anders erzählen. Binnen wenigen Tagen wissen es Gott und seine Schwestern.

Ich entsinne mich der lauen Sommertage, als ich selbdritt unterwegs durch das kleine Waldstück hinter dem neuen Gewerbepark am Ortsausgang irrte, um ein geeignetes Fleckchen auszukundschaften, entlegen, aber hell musste es sein. Selbstredend, dass wir hierbei gesichtet wurden, aber man kann ja einfach lügen. In diesem Industriegebiet lag auch das alteingesessene Sanitätshaus, das uns zur Zusammenrottung vor der Fahrradtour zu einem der zahllosen Weinfeste in einem der zahllosen Nachbarsdörfer gerade recht war. Durch den Genuss von Weißweinschorle beschwingt, bedienten wir uns am hiesigen Müllcontainer, machten kaputter, was uns noch nicht kaputt genug war, gurkten in den ausrangierten Rollstühlen umher und beleidigten die Polizisten, wenn sie kamen. Wir fuhren los, legten andauernd Trink- und Pinkelpausen ein. Ich pisste mir auf die Hand und ohrfeigte meine Freunde. Bis wir dann endlich die paar Kilometer zurückgelegt hatten, hätten wir eigentlich schon kein Fahrrad mehr führen sollen.

Wenn man also genug Gras zusammenkratzen kann, baut man sich mithilfe von bis zu vier Meter lang abrollbarem Zigarettenpapier, dessen schiere Existenz und vorangegangener Erfindungsreichtum mich immer unsäglich faszinierten, lachhaft lange Joints, die man kaum halten, geschweige denn rauchen kann und die wir liebevoll als Schwänze bezeichnen. Geraucht werden muss ein Schwanz mittlerweile draußen, im Keller befinden sich neuerdings nämlich mehrere PC-Tower, die kontinuierlich laufen und deren einziger Zweck es ist, durch zuvor programmierte Bots in dem Computerspiel World of Warcraft möglichst viel der digitalen Währungen zu farmen. Dieses Gold verkauft man dann via eBay wohl in die ganze Welt, vornehmlich nach Japan. Der Junge, der die Computer zu jenem Zwecke im Keller deponiert hatte, verdiente sich dadurch dumm und dämlich. Er verschenkte auf dem Pausenhof sogar einmal ein nagelneues iPhone an einen zufällig auserkorenen Mitschüler. Ob das auch wirklich stimmt, weiß ich allerdings gar nicht. Ich war nicht dabei, und es klingt in etwa so plausibel wie die Geschichte von dem Jungen, der jahrelang in jeder Pause auf der Suche nach Bechern, für die man am Automaten zwanzig Cent Pfand bekam, den riesigen Schulhof absuchte und sich vom Erlös dann irgendwann eine PlayStation kaufen konnte. Er tat mir trotzdem immer total leid.

Das feuchtfröhliche Stelldichein im Tiefgeschoss soll heute ausnahmsweise mal nicht die Endstation sein, und so macht man sich, sobald die angemessenen Promille eingeimpft, los zu der ominösen Hausparty, zu der keiner so richtig eingeladen ist. Ein Katzensprung, den man durch die bereits erwähnten Trinkpausen gekonnt in die Länge zu ziehen weiß. Das halbe Dorf hat sich im Hof versammelt und buhlt um Einlass. Ich treffe weitere Freunde, Bekannte, Feinde. Es tummelt sich, wer was auf sich hält und nichts zu tun hat, also jeder. Durch Bestechung in Millionenhöhe und unter andauernder Androhung körperlicher Gewalt erzwingen wir irgendwann irgendwie den Eintritt in dieses ominöse Schloss in Südwestdeutschland. Alle verlieren sich augenblicklich aus den Augen, um die Gemächer zu erkunden, mich verschlägt es dabei ohne Umwege in die Küche, wo ich sofort bei der großen Auswahl an Leckereien vorstellig werde. Wohlgenährt stelle ich mich danach in den Gang und beginne, Pirouetten zu drehen, um zu sehen, wer noch so da ist.

Da erspähe ich ihn: den schlaksigen Profifußballer in spe

aus der zehnten Klasse, der neulich von einem Sportgymnasium auf unsere Schule wechselte und dessen blonder Schopf, blasse Haut und kantiger Kiefer ohne Vorwarnung Einzug in meinen Hormonhaushalt hielten. Er ist ungefähr drei Meter groß und hat keinerlei Gemeinsamkeiten mit oder Interesse an mir, dem rubenesken Bub mit der Atlanta-Braves-Mütze (das A steht für Arschloch), die ich natürlich nicht trage, weil ich mich für amerikanischen Baseball begeistere – Gott bewahre –, sondern weil Ian Saint Pé, der Gitarrist der Garage-Rock-Raudis Black Lips, sie auch trägt. Ich habe allergrößte Schwierigkeiten, in seiner Nähe Nonchalance zu simulieren, und glotze ihn durchgehend an.

Ein Mädchen stiehlt mir ständig meine Cap, und ich jage ihr bis in das Zimmer des kleinen Bruders des Gastgebers im zweiten Stock hinterher, wo wir uns irgendwann, und auch nur, weil es sonst nichts weiter zu bereden gibt, küssen. Ich stehe auf und stapele so lange Möbel vor der Tür und auf ihnen Bücher bis unter die Türklinke, bis man diese von außen nicht mehr nach unten drücken und die Tür nicht mehr öffnen kann. Wir ziehen uns aus, es ist das erste Mal für mich, und doch, ich denke dabei immerzu an den Fußballer, bis ich irgendwann aufstehe, wortlos den büchernen Turm zu Babel einreiße und dem kleinen Bruder beim Verlassen seines Kinderzimmers noch fünf Euro klaue.

Ich bin traurig und glücklich, freue mich einfach, dass irgendetwas passiert, und verschwinde erst mal in einer

Wand. Ich schleiche durch das Mauerwerk, sehe dahinter die Silhouetten meiner Altersgenossen, erstelle nebenher brauchbare Grundrisse und platze im Wohnzimmer wieder aus der Tapete, wo mein bester Freund gerade fremdknutscht. Die meisten stehen draußen und schauen nach oben, aus dem Fenster ragt der Gastgeber mit seinen Schergen. Sie spielen mit Gitarre eine Akustik-Version des Money-Boy-Songs »Dreh den Swag auf«. Meine Freunde und ich, wir finden das zu Recht peinlich. Ich drehe mich weg, sehe meinen blonden Boy auf sein Fahrrad steigen und am Horizont verschwinden. Ich bin tieftraurig und verstehe mich selbst kein bisschen, es gibt keinen Grund zu bleiben, ich beschließe zu gehen.

Es ist eine kalte Nacht. Nachts ist es ja meistens kälter, aber diese hier, die ist wirklich eiskalt. Heizung aus, Fenster auf Kipp und Kopf in das Kühlfach kalt. Diese Nacht ist ein verwüstetes Haus nach einer Party, das dringend aufgeräumt werden muss, bei näherer Betrachtung hat aber keiner Hände: Eine Alles-ist-tödlich-Nacht, eine Nacht, um sein sanftes Herz wie den Kuckuck in der Uhr zur Schau zu stellen und es von allen Seiten attackieren zu lassen. Die Straßen sind mittlerweile komplett von einer glänzenden Eisschicht bedeckt. Ich habe meine Jacke vergessen. Hatte ich überhaupt eine Jacke an, als wir gekommen sind? Ich packe meinen besten Freund fest bei der Hand und schlittere mit ihm zusammen wie beim olympischen Paarlauf in Richtung Zukunft. Aber erst mal nach Hause, schlafen.

<u>Ich bin hier</u>

<u>nimm mich dir</u>

Ich schenk mich dir
Du kannst mich haben
Bin unschlagbar
Doch du darfst mich schlagen
Lebendig begraben
Du Sarg, ich Nagel
Aus deinem Kopf
Ziehst du mich nicht raus

Ich denk von mir
Kannst du mehr vertragen
Bin untragbar
Doch du musst mich tragen
Bin inoperabel
Ich Faden, du Nadel,
Als Accessoire
Taug ich allemal

Das Pärchen

In Herxheim herrscht nachts Totenstille. Das liegt ganz einfach daran, dass bei uns täglich die Geräuschkulisse abgebaut wird: Eine Viertelstunde vor Mitternacht mahnt der Schrei einer schrillen Sirene alle noch Umtriebigen, sich schleunigst auf den Heimweg zu machen. Fünf vor zwölf kommen die Parkkrallen an die Kraftwagen, Türen und Fenster und Katzenklappen werden verleimt, die Sendemasten wie die ungeliebten Statuen toter Tyrannen gestürzt, Telefonleitungen abgeknipst und erst tags darauf wieder gefixt. Pünktlich zu null Uhr zieht zuletzt eine eigens dafür angestellte Gemeindemitarbeiterin den großen Stöpsel im Dorfbrunnen, der restliche Lärm des ganzen Dorfs fließt dann von überallher dorthin und ab. Die Wasserspeier – Karnickel auf Motorrädern sind das –, von denen der Brunnen umgeben ist, erwachen zum Leben und sausen in einem Affen- (oder Hasen-)zahn, jedoch ohne auch nur das geringste Geräusch von sich zu geben, davon, Wache schieben. Rechts des Brunnens, da steht ein bronzenes Pferd samt Fuhrwerk, ihm gegenüber seine Schwester, ein Bronze-Einhorn. Ich bin das Baby in ihrem Bronze-Bauch und betrachte das Gewusel durch die Nüstern. Ist die Luft rein, werde ich geboren. Ich presse dann ein Ohr an das Kopfsteinpflaster und lausche dem rosa Rauschen, das gen Ausguss strömt. Mit steifem Nacken und fünf steifen Mittelfingern an jeder Hand (und freilich immer auf der Hut vor den rasenden Hasen) winde ich mich dann entlang der stummen Straßen auf der Suche nach großen Gefühlen im kleinen Kaff.

Einmal mehr nur langweile ich mich heute also ziellos durch die Düsternis. Jetzt ist es wieder beinahe Morgen, sehr, sehr spät schon oder noch viel zu früh. Ich warte und warte, erwarte wenig und bekomme weniger. Nichts passiert, nie. Nun denn, denke ich, auf nach Hause, vom Unter- ins Oberdorf (East Side, West Side), Hauptstraße, über den Kirchberg, wo unser katholisches Gotteshaus St. Mariä Himmelfahrt wie ein steinerner Fetisch vom Himmel hängt, mahnt und hiesige Köpfe rahmt. Die Turmspitze spießt die Wolken auf, das Firmament verfängt sich, ach, hätten wir sie doch nur noch ein kleines bisschen höher gebaut, Gott höchstselbst könnte man begatten … Man erzählt sich: Eine echte Herxheimerin oder ein echter Herxheimer ist man nur dann, wenn man in dem kleinen Rinnsal, das entlang dieser Kirche geht, gebadet hat – der letzte Tropfen aber ist unlängst versickert. Beim Passieren wage ich einen Blick in meinen Taschenspiegel: »*Ceci n'est pas un Herxheimer*«, flüstert er.

Wie ferngesteuert schlurfe ich durch den komatösen Ort, als plötzliche Beleuchtung mir die Netzhaut ansengt. Spot an! Sofort verschließe ich die ans Dunkel gewöhnten Augen, sehe knallrot. Als ich sie endlich wieder etwas öffnen kann, erkenne ich verschwommen einen vereinsamten Lichtkegel, der wie ein Leuchtturm im dichten Nebel steht, einen Nimbus für den dörflichen Limbus, der zum Zeigefinger zuläuft und einladende Gesten macht. Ich will augenblicks ins Licht gehen und folge dem Finger eine Weile. Das Batsignal kommt aus einem dreistöckigen Einfamilienhaus in Grau mit kleinem Vorgarten, im viergeteilten Fenster oben links brennt noch Licht. Auf Zehenspitzen, den Kopf reckend – nichts zu erkennen. Ein laues Lüftchen kündigt eine Schar Moped fahrender Rammler an und bedeutet mir, mich unauffällig zu entfernen, und das tue ich dann auch.

*

Ich kann den ganzen nächsten Tag lang an nichts anderes denken. Allein weil sonst nicht viel geschieht, komme ich nicht umhin, mir die wildesten Dinge auszumalen. Wahrscheinlich sind's somnambule Schach-Asse, denke ich, oder es ist der Herrscher Herxheims höchstselbst, der in der Nacht die Schicksals-Schalter umlegt. Ich bin so randvoll mit Tatendrang, dass das Adrenalin mir aus den Ohren tropft, also stibitze ich eines der vielen ramponierten Klappräder meines Papas und strample zu dem Eiscafé am Brunnen.

Auf dem Weg dahin komme ich auch an jenem Haus vorbei, das sich bei Tag kaum von den benachbarten Bleiben abzuheben schafft, alles hier vermengt sich zu einem drögen Brei.

Im Eiscafé angekommen bestelle ich mir erst mal zwei große Milchshakes: einen nur mit Nusseis, den anderen Geschmacksrichtung Waldmeister-Schlumpf. Die sieben Euro sind es mir wert. Ich sage zum Mitnehmen, obwohl das gar nicht stimmt, ich trinke sie nur einfach lieber aus den Pappbechern. Während die Bedienung mit der Zubereitung zu tun hat, falte ich das Klapprad und platziere es behutsam im Wanst des Einhorns. Mit jedem Besuch hab ich es mir darin etwas wohnlicher gestaltet: Duftkerzen (Lavendelnote), ein kleiner Futon auch und einige geschmackvolle erotische Fotografien, die ich mit etwas Kreppband angeheftet habe. Es bleibt gerade genug Platz für das Fahrrad. Als man mir meine Milchmixgetränke bringt, lehne ich längst wieder in einem der geflochtenen Baststühle mit der glänzenden Lasur und lasse mir nicht das Geringste anmerken. Ich grinse die Kellnerin sogar an und kneife dabei kurz freundlich meine Augen zusammen – so macht man das hier.

Geduldig schlürfe ich dem Feierabend entgegen; kurz bevor die Eisdiele ihre Pforten für den Tag schließt, stehe ich auf und gehe einige Runden um den Block. Ich steige in den Panzergraben hinab, löffele mit den zur Schale geformten Händen einen Schluck daraus. Den ansässigen Enten missfällt mein Mundraub, und ich gerate unversehens in eine hitzige Diskussion mit ihnen. Rhetorisch bin ich völlig unterlegen und verdünnisiere, mische mich mit dem Wasser und lasse den Bach uns zum Brunnen spülen.

Im Einhorn angekommen, döse ich, warte, bis ich trocken bin und es draußen still ist. Etwas aus dem kühlen Leib lugend scanne ich die Umgebung: niemand zu erkennen. Nachdem ich möglichst geräuschfrei aus meinem Sarg gekraxelt bin, schwinge ich mich auf das Rad und trete in die Pedale, so schnell ich kann, bergauf ohne Gangschaltung. Und auch heute Nacht soll ich nicht enttäuscht werden, ich düse die Straße entlang und sehe es schon von Weitem: Wieder ist das Licht an. Ich fahre an dem Haus vorbei, U-Turn, lehne mich und das Rad an eine Häuserfront auf der anderen Straßenseite, halte die Bremsen durchgedrückt und mache mich, noch auf den Pedalen stehend, so lang es geht. Aus dieser Perspektive kann ich tatsächlich etwas erkennen! Ein weißer Raum, klinisch fast, erhellt durch eine Deckenleuchte mit trapezförmigem Schirm, ebenfalls in Weiß. Ich kann außerdem noch zwei Köpfe ausmachen, die sich gegenübersitzen. Um das Rätsel endgültig zu lösen, versuche ich, auf den Rahmen des Rads zu steigen. Sachte löse ich dazu erst die Bremsgriffe und patsche dann wie ein Gecko entlang der Fassade, während ich auf dem Gestell surfe. Ehe ich einen Blick erhaschen kann, verliere ich die Balance, und die Tretmühle gleitet von dannen. Mein Leib zerschellt auf dem Trottoir, und ich verliere das Bewusstsein, das Letzte, was ich höre, ist das Rattern der Motoren. Die Langohren fegen mich zusammen.

*

Am nächsten Morgen wache ich mit pochendem Schädel samt Verband auf, notdürftig mit Pflastern zusammengeflickt, der Sturz hat mir ganz schön zugesetzt. Gerade will ich mich auf der harten Pritsche aufrichten und die verbeulte Birne abtasten, da fliegt auch schon die Zellentür mit einem grellen Knarzen auf, und Oberhauptkommissar Mümmelmann marschiert, flankiert von seinen zwei hörigen Handlangern, ein. Ratsch rutschen die Zähne in die Schellen – Aufstehen! Mitkommen! Unter lautstarkem Aufruhr der Mithäftlinge, die ihre Edelstahl-Kaffeetassen so schnell sie können zwischen den Gitterstäben hin und her scheppern lassen, werde ich den langen Gang entlang und vor ein Tribunal geschleift.

Fünf der dienstältesten Kaninchen hoppeln prompt hinter das Specksteinpult, der in der Mitte verliest die Anklage, meine Dolmetscherin, zu der man mich, im Gegensatz zu einem Anwalt, auf den ich mehrmals explizit verzichtet habe, zwang und die mir sehr unsympathisch ist, murmelt: widerrechtliches Herumtreiben und Störung der Nachtruhe. Was ich zu meiner Verteidigung zu sagen habe, möchte man gerne einmal wissen. Ich haue auf den Tisch und lasse verlauten, dass ich diesem Scheingericht jede weitere Aussage verweigere! Sie übersetzt, und ein Raunen geht durch den Saal. Ruhe bitte! Die Hasen klopfen, bis die Späne fliegen. Barbusig infolge der für mehr Drastik jetzt halb abgestreiften Häftlingskleidung aus miefigem Pelzimitat mit angenähten Hasenohren, sträube ich mich im Splitterregen gegen die vehementen wie vergeblichen Versuche der Gerichtsdiener, deren offizielle Uniform lediglich aus lachhaft übergroßen Plastik-Hasenzähnen zum Aufstecken besteht, mich wieder zum Sitzen zu bringen. Ich weiß ja, dass sie mir eh nichts Handfestes nachweisen können, und vorbestraft bin ich außerdem auch noch nicht. Patt. Die Hasen ziehen sich zur Beratung zurück, umgehend packen mich vier der Diener, einer an jedem Arm und Bein, tragen mich wie eine Sänfte in den Haftraum und schmeißen mich wieder auf die Pritsche. Allez hopp!

Nach wenigen Augenblicken verliere ich in dem fensterlosen Quader jedes Zeitgefühl. Ich nehme mir vor, viele Liegestütze zu machen und sehr stark zu werden, mache dann bloß wenige. Ich stapfe hin und her; nur knapp sechs Schritte, wenn man einen Fuß (Schuhgröße 42) vor den anderen setzt, misst der Raum, zähle: 1 Mississippi, 2 Mississippi, … Aber auch das lass ich bald wieder bleiben. Es dauert nicht lange, ehe ich mich vollends ergebe, mich da, wo Bett und Wand sich treffen, auf den Boden setze. Ehrlich gesagt hatte ich mir mich bei eventueller Inhaftierung immer weitaus beharrlicher ausgemalt, wenn ich im TV Dokumentationen über die härtesten Gefängnisse der Welt gesehen habe.

Ich bin total ausgemergelt und nicke mangels Stimuli weg, kein Schlaf, Scheintod! Die Träume sind intensive deliriöse Visionen: Ich sehe mich irren durch eine Stadt ohne Horizont, ich will gehen und komme doch immer zurück, dort regnet es Rechnungen und Belege, die fange ich aus der Luft mit meinem großen Käscher, um sie auf A4-Seiten zu kleben. Ich sehe, wie weiße Lieferwagen stunden-, nein tagelang Straßenmarkierungen schlucken; mich, stehend auf großen Bühnen, albern verkleidet, singend, tanzend; wie ich wieder und wieder die gleichen Dinge sage. Ich sehe andere Menschen, Gesichter, ich erkenne sie auch, es sind meine Freunde, sie sind jetzt älter, aber immer noch wunderschön! Ich sehe Fremde und Fratzen, sie winken mir zu, und sie weinen und klatschen und holen zum Schlag aus, die Kamera geht immer weiter nach oben weg, und bald sind sie bloß noch tausend kleine Punkte. Ich träume eine Ewigkeit, ein Leben, träume Vergangenheiten und Zukünfte.

*

Dann wache ich auf und bin siebenundzwanzig. Vor den Zugfenstern rauschen die Dörfer und Städte und die Felder vorbei. Mein Pullover ist klitschnass und klebt am Sitz, der ist auch schon ganz feucht. Der ICE beginnt kurz darauf haltzumachen, am Gleis sehe ich, dass meine Eltern schon auf mich warten. Ich bin völlig durch den Wind, aber ich freue mich ja so, sie zu sehen. Ich klemme mir fix meine paar Habseligkeiten unter den Arm und springe gerade noch aus der schließenden Tür. Wir drücken uns fest, gehen zum Parkplatz und machen los, nach Herxheim. Als wir gerade vom Unter- ins Oberdorf fahren, bitte ich meine Eltern, doch kurz anzuhalten – das Haus, es steht immer noch. Ich steige langsam aus dem Wagen, bleibe ehrfurchtsvoll stehen, Mutter ruft mit halb heruntergelassener Scheibe nach mir, ich winke geistesabwesend ab. Verstohlen betrete ich den Hof. Hinter mir raschelt etwas, ich drehe mich wieder um und sehe die Blätter in einem Gebüsch wackeln. Als ich hin und der Sache auf den Grund gehen will, springt ein Hase heraus und hoppelt an mir vorbei.

Süß

Lider verklebt vom Zuckerguss, ein Schokoherz bebt erschöpft hinter deiner Brust, zwingt zähen Honig durch die Venen. Die Capri-Sonne blendet, eisgekühlte Cola perlt dir von der Stirn, einzig Konfekt, wo sonst Gehirn, Gummiwürmer hast du anstatt von Sehnen. Der Zahn der Zeit hat Karies, nagt trotzdem unentwegt: Seit dem letzten Zuckerschock gehst du nur noch am Zuckerstock. Die Krawatte? Zuckerwatte. Die Hose aus Glucose. Dein Arzt heißt Dr. Pepper, und du trinkst ihn aus der Dose.

Filet-O-Fish

Ich weiß noch genau, wie die Mutter eines Freundes mir, als sie mit uns zu McDonald's fuhr, empfahl, den Filet-of-Fish, der damals noch Fishmac hieß, zu probieren. Ich tat, wie mir aufgetragen, aß zuerst aber meine Pommes und die Chicken McNuggets auf, zögerte den Fishmac so lange es ging hinaus, er war mir suspekt – noch. Der erste Biss in das als Burger verklärte Brötchen mit panierter Fischbulette, der knallgelben Scheibe Schmelzkäse und Remoulade war mein epiphanisches Erlebnis. Jedes einzelne Mal in meinem Leben, das ich seitdem bei McDonald's war, egal, ob ich Hunger oder nicht, egal, was ich sonst noch bestellt hatte, bestellte ich mir immer auch den Fishmac. Und jedes einzelne Mal zelebriere ich seine Existenz rituell, esse ihn, wie beim ersten Mal, immer als Allerletztes. Der Fishmac wird von Jahr zu Jahr kleiner und teurer, selbst das kann meiner Liebe zu ihm jedoch keinerlei Abbruch tun, ich werde für immer zu ihm halten! Der Song »Fishmac« von der Punkband Materialschlacht ist meine Hymne. Das McDonald's-Logo trage ich als Tätowierung auf meinem linken Oberarm; wenn ich es in einer Filiale vorzeige, bekomme ich, neben ungläubigem Starren und Gelächter, hin und wieder sogar etwas umsonst. Ich habe wirklich große Angst, dass der Fast-Food-Riese den Fishmac irgendwann von der Karte streicht.

Der Arzt

Wenn der Arzt aufgeregt ist – und aufgeregt, das ist er, weiß Gott, am laufenden Band –, hat er einen merkwürdigen Gang. Nach einem Gehfehler sieht es nicht aus, einfach bloß augenfällig. Wie ein Blechroboter mit aufziehbarer Schraube im Rücken stakst er ungelenk voran. Dass er glaubt, alle anderen würden ihn beobachten und denen würde genau das sofort auffallen, macht es natürlich nicht besser. Er denkt, vielleicht denke er nur, dass alle denken, er gehe komisch. Die älteste Erinnerung an diese Unsicherheit kommt aus seiner Schulzeit, als er schweißgetränkt zwischen Unmengen wachsamer Augenpaare über den großen Schulhof stolperte. Die meisten Leute, die ihn beobachten, denken tatsächlich, sein Gang sei auffällig.

Und auch jetzt, auf dem Weg zurück zu dem überdimensionalen schwarzen SUV, den er seit Kurzem least, fällt dem Arzt das Gehen schwer. Der pickelige Security-Mitarbeiter in der grellen Warnweste am Ausgang bei REWE lehnt neben der Automatiktür und glotzt auf die gewienerten Fliesen, die unter den summenden Halogenleuchten schillern. Er saugt dabei seine Ober- unter die Unterlippe, zieht Letztere dann seinen zarten Flaum entlang und stülpt sie zuletzt über die untere Zahnreihe. Seine Cappy trägt er verkehrt herum.

Dem Arzt tut das im Vorbeigehen leid, so wie ihm aus einer fest verwurzelten Langeweile, die ihn glauben macht, hinter jedem profanen Vorgang stecke eine tiefe Traurigkeit, die nur er zu enttarnen wisse, alles immer leidtut. Das Mädchen, das er vor zig Jahren einmal mit halb verwischter Tigerschminke auf einer Bank vor Burger King sitzen sah zum Beispiel, das tut ihm heute noch leid. Der junge Mann jetzt tut dem Arzt leid, weil er glaubt, der schäme sich bestimmt für seinen Job und versuche (da im Laufe des Tages ja sicher auch viele hübsche junge Frauen zum Einkaufen gehen), mit möglichst lässigem Auftreten dagegenzuhalten, was ihm, findet der Arzt, aber nicht gelingt.

Solche nutzlosen Gedankengänge spinnen sich wie von alleine, rasen rapide in alle möglichen Richtungen und sind unwesentlich später von der Wahrheit nicht mehr zu unterscheiden. Der Arzt nimmt hin, bestimmen diese kognitiven Kontrollverluste doch längst seine Tage, sodass es ihm nur mehr selten noch gelingt, einen klaren Gedanken zu fassen.

Erst als er es schafft, sich aus den Fängen seiner Denke zu befreien, fällt dem Arzt auf, dass der junge Mann mit seiner linken Hand einen Revolver nachahmt und so tut, als würde er nachladen und auf den Boden feuern. Klick, klack, bumm. Klick, klack, bumm. Das Schnalzen seiner Zunge stellt das

Zurückziehen des Schlittens, das plötzliche Herauspressen von Luft aus den Backen durch Lippen und Zähne den Schuss dar. Ihre Blicke kreuzen sich, was den jungen Mann allerdings nicht dazu bewegt, sein olles Treiben zu unterlassen, und das ist dem Arzt so unangenehm, dass er umgehend die Flucht ergreift.

Beim Herauseilen rutscht ihm vor lauter Hast beinahe eine der hässlichen wiederverwendbaren Tragetaschen, von denen er eine ganze Schublade voll hat, von der Schulter. Währenddessen steuert er geradewegs auf eine entgegenkommende Krankenwagenfahrerin zu, entschließt sich, links an dieser vorbeizumanövrieren, dann aber kurzerhand, doch rechts an ihr vorbeizugehen, was zu Verwirrung führt. Die beiden kommen einen Moment lang voreinander zum Stehen, worauf die entnervte Krankenwagenfahrerin sofort mit überschwänglichem Hin-und-her-Tänzeln und penetranten Gesten reagiert. Entgeistert blickt der Arzt ihr hinterher. Er findet, die kommt ziemlich dubios rüber mit ihren vielen Tätowierungen: Verschnörkelte Schönschrift auf der Innenseite beider Unterarme, wahrscheinlich stehen da die Namen der Kinder. Ihn überkommt eine eigenartige Mischung aus Mitleid und Verachtung. Einerseits hat er immer Panik, er könne auffliegen, und auf der anderen Seite bedauert er es, wenn Menschen zu einfältig sind, sich über ihre tristen Aussichten zu erheben.

Der Arzt dreht sich noch einmal nach der Krankenwagenfahrerin um und versucht zu erkennen, ob er größer ist als sie, und obwohl sie mindestens zwei ganze Köpfe kleiner ist als er, ist er sich jetzt schon nicht mehr sicher. Es fuchst ihn doch immer sehr, wenn er kleiner als andere, schlimmer noch, kleiner als eine Frau ist. Trotz seiner durchschnittlichen Körpergröße empfindet er sich immer als beinahe winzig, vergleicht beim Betreten eines Raumes üblicherweise als Allererstes seine Statur mit allen Anwesenden und betrachtet Letztere in seinen Erinnerungen dann, so oder so, aus der Froschperspektive.

Auf dem Weg zum Wagen riecht es abwechselnd nach Kokoslotion und heißem Müll. Ein Kahlkopf in ärmellosem T-Shirt, auf welchem kreisrund der Satz *»can't stop shitting«* abgedruckt ist, geht am Arzt vorbei. Der schüttelt, wenn für Außenstehende auch beinahe unmerklich, den Kopf. Er öffnet den Wagen und sinkt hievend in den Sitz, lässt den Parkplatz keine Sekunde aus den Augen. Da auf dem Pflaster hockt jetzt nämlich der Teenie, kratzt sich am Knöchel und schnüffelt ab und an an seinen Fingern. Auf der Suche nach einem Rhythmus, den es gar nicht gibt, zählt der Arzt die Sekunden zwischen Kratzen und Riechen. Er lehnt den Kopf an die kühle Scheibe, bis die seine Nase ganz platt drückt, schnauft, bis das Glas fast komplett beschlagen ist und ihm den Blick blockiert.

Erst das Hupen eines anderen Fahrers, der seit geraumer Zeit darauf wartet, in die vom Arzt besetzte Parklücke fahren zu können, reißt ihn zurück aus seinem Kopf ins Jetzt. Der

Arzt presst mit den geballten Fäusten so fest gegen seine Augäpfel, dass vor ihnen ein Feuerwerk hochgeht, dass Silberspäne durch die Dunkelheit fliegen und völlig neue Farben entstehen. Das hat er als Kind immer gemacht, wenn er nicht einschlafen konnte, manchmal stundenlang. Irgendwann lässt er ab und reißt seine Augen wieder auf. Während es vor ihm noch so funkelt und blitzt und glitzert, drückt er den Startknopf und das Gaspedal bis zum Boden.

Die Stadt

Wo ich war, war für mich nichts mehr zu holen, also ging ich weg. Ich ging in die Stadt. Ich dachte, dort warten sie auf mich. Mein bisheriges Leben passte wunderbar in den großen blauen Reisekoffer, den mein Onkel mir zu diesem Zweck ausgeliehen hatte. Ich schmiss es unterwegs, irgendwo auf der Strecke, aus dem Fenster des fahrenden Zugs. Bloß ein paar wenige Tage lagen zwischen Entschluss und Umzug, eine Bleibe hatte ich keine in der Stadt, ganz zu schweigen von Bekannten. Mein neuer Boss hatte Erbarmen und gewährte mir Unterschlupf in seinem Sichtbetonloft. Die Schlüssel schmiss er mir (er war unterwegs in den Skiurlaub) im Vorbeifahren aus dem Auto.

Dann stand ich allein in einem fremden Haus in einem fremden Bezirk einer fremden Stadt. Am schlimmsten: Nirgendwo in dem grauen Klotz fand ich eine Glotze. Und einen Gasherd hatte ich auch noch nie bedient, zum Abendessen gab es also nur eine Panikattacke, ab und an etwas Angebranntes. Man sagte mir, ein weiterer Gast lebe gerade noch im Souterrain, ich wusste aber nicht, was ein Souterrain ist, und traute mich auch nicht nachzufragen. Wenn ich ihn hörte, versteckte ich mich. Weil wie mein Mitbewohner auch die Waschmaschine im Keller war, wusch ich meine Wäsche dort kein einziges Mal.

Nach und nach wagte ich mich vom Sofa, immer einen Schritt mehr, bald sogar nach draußen, zum Supermarkt, auf Konzerte und schließlich in die Clubs der Stadt: Hinter den unscheinbarsten Türen taten sich vertrackte Trakte auf, Schlünde, die in mehr Schlünde mündeten. Fittiche für und völlig übervölkert von solchen, die aller guten Sitten müde sind. Ich dachte, dort warten sie jetzt aber auf mich, saß dann immer nur in einer Ecke, allein. Einmal zog ich mein T-Shirt aus; dass mich jemand ansprach, geschah höchstens, weil man sich Sorgen über meine malade Erscheinung machte. Alle anderen waren schon nur noch Körper. Weiche Maschinen, in Trance getanzt. Man begrapschte beherzt, unterm Stroboskop verschmolz das schweißgeölte Kuddelmuddel zu einer einzigen wabernden Schwarte. Der triefende Blob roch mich und kroch näher, türmte sich auf und peitschte gegen meine Zuckerglaszelle – ich blieb sitzen. So lange, bis ich müde wurde, dann ging ich.

Später stand ich bloß noch vor den Clubs, soff die Lust der Leute, betrank mich am Gestank des Ungestüms, den die Heerschar Feierwütiger absonderte, der nach oben zog und aus den Wolken mir auf die herausgestreckte Zunge flog.

Ich hab mich auf die Straße gelegt. Plötzlich war da Musik,

und ich dachte: Die Songs, die wussten doch immer wohin, und wenn nicht, dann half Gehen. Ich ging also, ging einfach so lange, bis Musik kam. Und die kam, und ich dachte, sie hätte gesagt: »Leg dich hin!« Also nicht direkt gesagt, aber gemeint. Und die Straße war so kalt, dass mir erst ganz heiß wurde. Manchmal, da hält man den Zeigefinger kurz unters Wasser, und es ist kalt, aber bei der allerersten Berührung denkt man, es sei das genaue Gegenteil. Wie ich da lag, dachte ich daran und kam mir egal vor.

Pure Paradise

Heute ist mir etwas Komisches passiert.

Wie immer wache ich auf und fange an zu träumen. Sowie die Lider sich lüften, schnellt die Fantasie wie die kaputte Jalousie aus dem Kasten und verdeckt die Fakten. Mein erster Gedanke: Eine Aneinanderreihung des immer selben Piktogramms, es soll ein paar Hände unter einem laufenden Wasserhahn darstellen. Über jedem von ihnen steht ein anderer Beruf – Chirurg, Bäcker, Mechatroniker und so weiter. Alle waschen sie sich die Hände, ein Glück. Einzig auf dem allerletzten Schaubild, da sieht man die gleichen Hände, sie sind aber gerötet und statt unterm Hahn unter einer Espressomaschine. Und darüber steht dann: Barista. Als Nächstes denke ich, es wäre sogar noch lustiger, wenn dort Ornithologe stünde und die Hände von Vögeln völlig zerpickt wären.

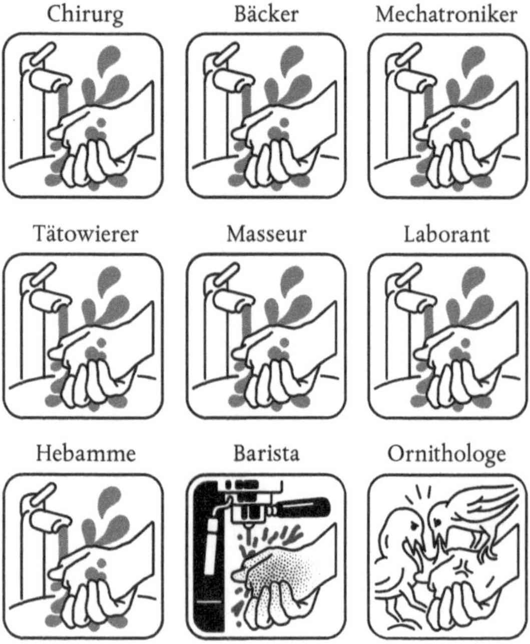

Dann denke ich, was, wenn es gar keine Aliens gibt und wir einfach alleine sind.

Vorhang auf, noch am Kautschukschnuller nuckelnd nuschele ich aus dem gekippten Fenster: »Hey, Licht, traust du dich heut in meine Kammer?« Zu meinem Leidwesen ist die Antwort Ja. Denn der erste Lichtstrahl, der sich bei mir breitmacht, der der Endlosigkeit der Dunkelheit Ende ist, ihr einen Käfig baut und ihre behagliche Leere mit weltlichem Bullshit vollstopft, der macht, dass ich mich sofort tiefer in meine kruden Hirngespinste reinsteigere. Ich meine in Lappalien klitzekleine Taktungen enttarnen zu können und wie du ja sicher weißt, bin ich aus Glas geblasen und knirsche dann so doll, dass ich Scherben schmecke. Bevor ich aber an meinem Wahn zerbreche und du mich als Häufchen Splitter findest und weil ich eben auch nicht jünger werde, verlasse ich widerwillig das sinkende Schiff, das mein Bett ist, und quäle mich ins Bad. So weit ein Morgen, wie jeder andere auch.

Unterwegs singe ich: »Heute werde ich wieder nichts verändern und mich mit dem Rest der Welt vergleichen und zu wenig trinken und ... FUCK!« Ich hab vergessen, dass selbst Duschen kein freudiges Unterfangen mehr ist, seit aus der Brause bloß seimig der Speichel tropft.* In dieser Stadt werde ich nicht mehr sauber.

Ich steige in die Badewanne, der Duschkopf sabbert schon, die Spucke trieft träge und pflatscht mit dumpfen Schlägen auf den Schädel. Was davon an der Keramik kleben bleibt, muss ich zielgenau zum Abfluss pinkeln. *Every man has a job to do and he must do it.* An der grün gefliesten Wand über dem Rückenende der Wanne hängen zwei quadratische Spiegel untereinander. Das nette Ehepaar aus Griechenland, das mal

* Die viele Spucke auf den Straßen Berlins ist mittlerweile bis ins Grundwasser eingesickert und hat es beinahe ersetzt.

hier gewohnt hat, hat sie bei seinem Auszug in einer Ecke stehen lassen, und ich wusste nicht, wohin sonst damit. In dem oberen Viereck spiegelt sich mein Gesicht, im unteren kann ich meinen Unterleib sehen. »Was willst du eigentlich?«, will ich von dem Typen im oberen wissen. Dass die Flut der Reize nie verebbe, die Bettflaschen brühend heiß sein und sich die Fenster hier von selbst zumauern mögen, ist peinlicherweise das Einzige, was ihm konkret in den Sinn kommt. Immer noch alles wie immer.

Ich trete etwas näher an die Spiegel und schneide dem Simpel darin Grimassen, Schweinenase, Zunge raus, die Klassiker eben. »Sag mal, findest du nicht auch, dass meine Beißer heute perlweiß strahlen? Nicht, dass mich das jetzt stören würde oder so, es ist einfach verwunderlich.« All die Karies, wie mit Tipp-Ex geweißelt.

Nackend und noch völlig vollgerotzt stürm ich aus dem Bad, kann ja nicht sein. Das blendende Gebiss muss mit alten Selfies abgeglichen werden! Ich trete in den Flur, und da seh ich ihn und sterbe.

*

Trotz meines Wunschs um Verzicht auf Wiederbelebung, die ich, trotz der ausdrücklichen Bitte um Verzicht befreundeter Typografen, in Arial fett gut leserlich auf die meisten meiner Kleider aufgebügelt und mir außerdem auf den Bauch tätowiert hab, reanimiert er mich. Wo bin ich? Bei Verstand. Und

Verstand ist bei mir. Er ist es wirklich. Da, neben mir, kniet mein Verstand, genau der, den ich – wann war das? – vor zehn, fünfzehn Jahren, vor einer halben Ewigkeit jedenfalls, verloren habe. Richtig gut sieht er aus, wow. Gesünder irgendwie, fast nicht wiederzuerkennen. Ein bisschen unangenehm ist mir diese unvorhergesehene Wiedervereinigung jetzt schon. Ich muss gestehen, ich hab ihn nie gut behandelt und auch nicht wirklich gesucht, nachdem er mir abhandengekommen ist.

Wir drucksen so rum, verstohlene Blicke, ich schaue weg, dann wieder hin. Spielbein, die Fußspitze poliert das Laminat, allerhand Däumchen werden gedreht. Als ich mich aufrichte und mit einer hölzernen Entschuldigung meiner Unbeholfenheit Abhilfe schaffen will, wickeln sich seine schlanken Arme wie Ranken sanft um mein Salzstangengenick, und er sagt: »Küss mich, du bist schön«, und küsst mich. Wir zehren von, ernähren einander. Er formt die Finger zur Faust und fährt die Daumen aus, steckt sie mir noch beim Rummachen in den wunden Mund und zieht ihn zu einem feixenden Lächeln auseinander. Dann springt er mit einem geübten Köpper in mich rein, und wir sind wieder eins.

Danach nehme ich als Erstes mein iPhone zur Hand, die Fotomediathek allerdings, sie ist leer gefegt. Cool bleiben, nicht wieder direkt Verschwörungen wittern, lieber die Sofortnachrichtendienste durchforsten, die aber funktionieren nicht. Telefon nicht mit dem Internet verbunden, WLAN nicht gefunden, Router ist verschwunden. Ausgeschlossen, dass jemand eingebrochen ist, ich lass ja immer ein Licht im Gang an, wenn ich irgendwo hingehe. Und jetzt rappelt auch noch der Radiowecker im Schlafzimmer, und, was da rauskommt, wirkt wildfremd, weil das neue Musik ist, weil da plötzlich viel mehr Töne in der Musik sind. Ein tausend-, nein, ein zehntausendstufiges Tonsystem. Die Intervalle sind winzig, gerade mal ein halbes Hertz oder so liegt noch zwischen den Tönen, aber irgendwie kann ich sie unterscheiden. Es gibt keine Bands mehr, die Musik schreibt sich selbst, und für jeden Menschen und jedes Tier und jede Pflanze gibt es ein Lied, und alle sind sie sehr interessant.

Meine ganzen Sachen sind weg, nur ein Flausch-Jumpsuit baumelt noch einsam am einzigen Drahtbügel im Kleiderschrank. Ich nehm ihn heraus, steig hinein, und dann schau ich aus wie ein Kuscheltier und geh zur Haustür. Auch die ist weg, wurde durch einen Körperscanner Marke Rohde & Schwarz ersetzt. Auf den zwei Säulen stehen in fetten Lettern die Worte PURE und PARADISE. Ich stelle mich in das Portal und warte, bis ein grünes Licht und ein Piepton mir einen abgeschlossenen Scan bestätigen. Auf einem etwa 20 mal 20 Zentimeter großen Touchscreen auf der anderen Seite des Scanners finde ich dann, fein säuberlich aufgelistet, meine Komplexe, auch noch woher sie kommen, Gemeinheiten, die ich gesagt oder getan habe, alles eigentlich, woran ich je gedacht habe, chronologisch nachvollziehbar. Extrem peinlich. »Zum Fortfahren tippen Sie auf Löschen.« Gerne.

Der Geruch der Parfüms all meiner Schwärme schwebt im gesamten Kiez auf Nasenhöhe, hängt da wie ein stählernes Zugseil rum und lotst mich durch die Gegend. Ich bin auf einmal nicht mehr nervös, im Gegenteil, ich bin ganz erfüllt.

Heute ist mir etwas Schönes passiert.

Ich sah den alten Mann von der alten Post im alten Einkaufszentrum, den mit den fetten grauen Augenbrauen, der sonst immer bis Ladenschluss vor der Dönerbude sitzt und säuft und seufzt. Er hockte heute wieder da, aber er war in Begleitung und sah wirklich sehr glücklich aus.

Könnte es mich früher geben
Und ich dürfte ewig leben
Ging ich zurück, so weit es geht
Bevor das erste Wort entsteht

Würde ich vielleicht erspähen
Wie die Menschen Sprache säen?
Könnte ich sogar begreifen
Wie dabei Begriffe reifen?

Ich hielte mich auch sehr bedeckt
So gut es ging, blieb ich versteckt
Ich wollt gewiss niemanden stören
Nur wirklich jede Silbe hören

Würde ganz genau hinsehen
Wie Redewendungen entstehen
Wie sie Hieroglyphen schüfen
Den Rosettastein noch prüfen

Würd' mir alles fein notieren
Zuerst nur wortwörtlich zitieren
Dann gar selber mal probieren

Einen Ausdruck zu kreieren
Ich tät' so durch die Zeiten gleiten
Mich in allen Sprachen streiten
Die Toten wieder auferwecken
Auch die Dialekte checken

Ob oral, ob nonverbal
Eloquent wie asozial
Mimik, Gestik, Slang, Jargon
Jeder nach seiner Fasson

Vom kleinsten Knast bis zum Palast
Sonderschüler, Gymnasiast
Unterwelt und Oberschicht
Ich wüsste, wer wie warum spricht

Claassen ist ein Verlag der Ullstein Buchverlage GmbH

www.ullstein.de

ISBN 978-3-546-10040-3

Autorenfoto: © Gerald von Foris

Abbildung auf S. 166: Johannes Walenta

Umschlaggestaltung: zero-media.net, München

Titelmotiv: © Nikolay Tolmachev

Satz: LVD GmbH, Berlin

Gesetzt aus der Albertina MT Pro

Druck und Bindung: GGP Media GmbH, Pößneck